Käthe Weizsäcker

Psychotherapie und Anthroposophie

Ich-Reifung durch imaginative Traumerkenntnis

Urachhaus

CIP-Kurztitelaufnahme der Deutschen Bibliothek

Weizsäcker, Käthe:
Psychotherapie und Anthroposophie :
Ich-Reifung durch imaginative Traumerkenntnis /
Käthe Weizsäcker. – Stuttgart : Urachhaus, 1986.
ISBN 3-87838-466-1

ISBN 3 87838 466 1

2. Auflage 1987

Umschlaggestaltung Bruno Schachtner, Dachau.
Satz und Druck der Offizin Chr. Scheufele, Stuttgart.

Inhalt

Vorwort

Als junger Mensch erlebte Käthe Weizsäcker, wie sich die Patienten seelisch unverstanden fühlten, und fand den Weg zur Tiefenpsychologie C. G. Jungs und zur Anthroposophie. In jahrzehntelanger Tätigkeit als anthroposophische Allgemeinärztin lernte sie die Schicksalsnöte ihrer Patienten kennen und sah die körperlichen und seelischen Folgen nicht bewältigter Lebenskrisen. Die Behandlung seelischer Erkrankungen wurde immer mehr zur Hauptaufgabe.

Die Erkenntnisse der Tiefenpsychologie, die sich Käthe Weizsäcker als Schülerin C. G. Jungs erworben hatte, und ihre eigenen Beobachtungen schärften ihren Blick für die Hemmnisse, denen das Ich auf seinem Lebensweg begegnet. Die Anthroposophie vermittelte, daß Ich-Kraft nur wächst in der Auseinandersetzung mit den Widersachermächten, die in unserer Seele wirken. Das Anliegen von Käthe Weizsäcker ist es, in der vorliegenden Schrift ihren Weg von C. G. Jung zu Rudolf Steiner aufzuzeigen. Für sie ist der Individuationsweg C. G. Jungs die Brücke zum Übungsweg Rudolf Steiners. Finden sich doch durchaus ähnliche Ansatzpunkte bei C. G. Jung, die durch die Geisteswissenschaft ihre Erweiterung und Vertiefung erfahren.

Tiefenpsychologie lenkt den Blick auf archetypische Menschheitsmotive, die im Seelenleben erkennbar werden. Anthroposophie schenkt darüber hinaus ein Wissen von verborgenen Schicksalsgesetzen.

Der Tiefenpsychologie verdankt Käthe Weizsäcker die Methode, Traumerlebnisse in den therapeutischen Prozeß einzubeziehen, nicht nur, um die so wichtigen unbewußten Seelenregungen ins Bewußtsein zu heben, sondern um durch die gemeinsame Arbeit im Patienten Einsichten zu wecken, die zur Grundlage für befreiende Schritte des Reifens und Gesundens werden können. Auch hier bietet die Geisteswissenschaft Rudolf Steines die Erweiterung durch die vertiefte Menschenerkenntnis.

Lange Zeit war Käthe Weizsäcker, die sich der Tiefenpsychologie wie der Anthroposophie dankbar verbunden fühlte, eigenartig berührt, ja, beunruhigt von der Tatsache, daß Rudolf Steiner auf der einen Seite in äußerst anerkennenden Worten über die Schicksalstat der Psychoanalyse sprach, die darin besteht, daß das kranke Seelenleben in das ärztliche Handeln und die wissenschaftliche Forschung einbezogen wird, auf der anderen Seite sich aber in sehr scharfen Worten von der Psychoanalyse distanziert. Seine Kritik bezieht sich vor allem auf die wissenschaftliche Betrachtungsart, die nur das Gewordene zu erfassen vermag. C. G. Jung versuchte, diese Denkart zu erweitern. Er sah das Leben der menschlichen Seele als ein ständiges Geschehen, ein Werden und Sich-Wandeln. Sein erster Schritt von Freud weg zeigte sich unter anderem in der Einbeziehung des Prospektiven, der Zukunftsaspekte, in die Traumarbeit. Um Prozesse des Entstehens und Vergehens, des Sich-Wandelns und Reifens in die wissenschaftliche Forschung einzubeziehen, sind aber darüber hinaus neue Erkenntnis-Methoden notwendig. Der Schulungsweg der Anthroposophie in seiner exakten Strenge und Klarheit ermöglicht, solche neuen Wege des Forschens und Therapierens auszubilden. Psychotherapie aus anthroposophischer Sicht sieht die Aufgabe, besonders an die Entwicklungskräfte der menschlichen Seele zu appellieren, sie anzusprechen und zu wecken.

Ein Grundzug des Wesens von Käthe Weizsäcker liegt darin, alles Wissen in praktische Lebenshaltung zu verwandeln. Deshalb konnte sie schon bald die Bedeutung des anthroposophischen Übungsweges erfassen. Therapeutischer Beruf und persönliches inneres Leben waren für sie von Anfang an eine Einheit. Jede Therapie-Stunde war deshalb auch für sie ein Schritt auf dem Weg ihrer eigenen Ich-Entfaltung.

Auch als Forscher und Therapeuten sind wir stets Werdende, sind wir immer auf dem Wege. So wollen auch die in der vorliegenden Schrift veröffentlichten Vorträge, die Käthe Weizsäcker auf verschiedenen Tagungen gehalten hat, als Schilderungen der Schritte verstanden werden, die sich auf ihrem ganz persönlichen Schicksalsweg aus dem Bemühen um Neuorientierung der Psychotherapie an der Anthroposophie Rudolf Steiners ergeben haben. Ein Teil der hier veröffentlichten Vorträge entstand aus der Arbeit des Instituts für anthroposophisch orientierte Psychotherapie, das 1979 auf Anregung von Käthe Weizsäcker gegründet wurde. Vorträge, die Käthe Weizsäcker hielt, sprachen unmittelbar ihre Hörer an: Man erlebte, die Worte sind vom Lebensblut warmer Herzlichkeit durchpulst; man spürte, was den Worten anvertraut wird, ist selbst durchlebt worden. Die Begeisterung und Tatkraft, die sie in ihrem Bemühen um eine neue Psychotherapie darlebt, ermöglichen auch im Alter von über 80 Jahren neue und immer tiefere Einsichten und Erkenntnisse. Die Freunde, die sich im Institut für anthroposophisch orientierte Psychotherapie zusammengeschlossen haben, fühlen sich durch ihr Vorbild zu weiterem verantwortlichem Forschen und Bemühen impulsiert und verpflichtet.

Dr. Paul von der Heide

Einleitung

»Aus den Tiefen der Seelen müssen neue Kräfte heraufgeholt werden. Und einsehen muß der Mensch, wie er in den Tiefen seiner Seele zusammenhängt mit den Wurzeln des geistigen Lebens.«[1]

Mit diesen Worten fordert Rudolf Steiner geradezu dazu auf, eine Erweiterung der Tiefenpsychologie durch anthroposophische Erkenntnisse zu entwickeln. Bekanntermaßen hat er wesentliche Hinweise und Anregungen für eine »Erweiterung der Heilkunst« gegeben. In dem Werk »Grundlegendes für eine Erweiterung der Heilkunst nach geisteswissenschaftlichen Erkenntnissen«, das er zusammen mit der Ärztin Ita Wegmann verfaßte, und in unzähligen Vorträgen vor Ärzten, Heilpädagogen und anderen interessierten Menschen vermittelte er nicht nur Erkenntnisse zum Begreifen der Krankheiten und des kranken Menschen, sondern er gab auch praktisch-therapeutische Anregungen, die, inzwischen ausgearbeitet und angewendet, sich vielfach bewährt haben. Die anthroposophische Medizin – und in diesem Zusammenhang auch die Heilpädagogik – ist ein heute auch in Fachkreisen anerkannter, nicht mehr zu übersehender Faktor, der, über die Schulmedizin hinausgehend, den ganzen Menschen in die Behandlung einbezieht, wodurch nicht nur das Symptom beseitigt, sondern vor allem die Ursache der Krankheit angegangen wird.

Die Tiefenpsychologie steckte zu Rudolf Steiners Lebzeiten in den ersten Anfängen. Er hat sich, wie zu vielem zeitgenössisch Relevantem, auch noch dazu geäußert. Weil die Äußerungen jedoch als negative Beurteilung verstanden wurden, wurde dieses Gebiet von anthroposophischen Ärzten und Heilpädagogen nicht aufgegriffen oder sogar emotionell abgelehnt.

So entwickelte sich seit Rudolf Steiners Tod 1925, durch Anthroposophie befruchtet, eine weithin anerkannte Heilpädagogik, die sich mit Kindern befaßt, die von früher Kindheit an auffällig sind, sei es durch Lernunfähigkeit infolge Vererbungs- bzw. Geburtsschäden oder infolge einer Gehirnkrankheit in den ersten Lebensjahren, sei es durch Milieuschädigung. Es gibt auch eine durch anthroposophische Erkenntnisse vertiefte, neuartige Psychiatrie, deren Gebiet hauptsächlich die Behandlung sogenannter Psychosen oder psychiotischer Begleitumstände neurologisch-organischer Erkrankungen umfaßt.

Das Hauptbetätigungsfeld der Tiefenpsychologie aber liegt nun in der Behandlung von Psychoneurosen, von Grenzzuständen (Borderline) und von psychosomatischen Störungen. Die Menschen, die unter diesen Krankheiten leiden, sind zumeist begabt – oft sogar hochbegabt – und keineswegs »geisteskrank«, aber sie kommen mit sich und dem Leben nicht zurecht. Das kann bis zur vollständigen Arbeitsunfähigkeit gehen. Vorwiegend für diese Kranken wurde die Tiefenpsychologie entwickelt. Das Wort *Tiefen*psychologie beinhaltet, daß die Wurzeln der Symptomatik in den »Tiefen« des Unbewußten gesehen werden und infolgedessen die Methoden der Behandlung so geführt werden müssen, daß sie auch das Unbewußte erfassen.

Die Zahl der Kranken, die einer solchen Behandlung bedürfen, nimmt lawinenartig zu; nicht nur, weil man sie heute diagnostisch besser erfaßt, sondern auch, weil die Umwelt auf alle Menschen in den zivilisierten Ländern von Jahr zu Jahr krankmachender wirkt. Auf der anderen Seite stellt sich im »Zeitalter der Bewußtseinsseele« – wie Rudolf Steiner unser Jahrhundert in der Entwicklung der Geistesgeschichte der Menschheit bezeichnet – die Forderung nach Selbsterkenntnis. Wenn diese nicht bewußt aufgegriffen und erarbeitet wird, produziert das Unbewußte oftmals eine Symptomatik als »Ausweg«. Dieser Ausweg stellt jedoch gleichzeitig eine Chance dar, über den Weg der Selbsterkenntnis Heilung zu erlangen. Natürlich haben anthroposophische Ärzte, sei es in psychiatrischen Kliniken oder ambulant, auch Neurotiker behandelt, sicher auch oft mit Erfolg behandelt. Doch muß heute die grundsätzliche Frage gestellt werden: Kann oder muß nicht auf dem Gebiet der Tiefenpsychologie, durch die vor allem diese Schwerkranken geheilt werden können, etwas Ähnliches versucht werden, wie es Rudolf Steiner auf dem Gebiet der Allgemeinmedizin angeregt hat, nämlich eine Erweiterung durch anthroposophische Erkenntnisse?

An dieser Stelle erscheint es mir notwendig, etwas Biographisches einzuschalten, um erklärlich zu machen, warum ich, die ich nie zu den veröffentlichenden Ärzten gehörte, im hohen Alter noch Einblicke in meine Arbeit dem Druck übergebe.

Im Jahre 1925/26 erlebte ich als Lernschwester in dem Krankenhaus, in dem ich arbeitete, daß die durchaus tüchtigen Ärzte nur das als »richtige« Krankheit ansahen, was sich durch Stethoskop, Blutdruckapparat, Labor und Röntgen bis zum sichtbar zerstörten Organ bei der Sektion »nachweisen« ließ. Ich sah aber, daß auch die Menschen krank waren, bei denen »nichts« festzustellen war, von denen man meinte, sie »stellten sich an« und könnten sich überzeugen lassen, daß sie »nichts hätten«. Der Begriff der Psychosomatik, die Vorstellung von der Bedeutung seelischer Vorgänge für Entstehung und Verlauf körperlicher Krankheiten, war damals noch nicht bekannt. Das führte mich zu dem Gedanken: Da muß eine Frau hin. Dafür haben die tüchtigen Chirurgen, Orthopäden, Röntgenologen, Ohrenärzte usw. kein Organ. Und der Entschluß, noch Medizin zu studieren, stand fest.

Ich hatte kurz zuvor C. G. Jungs »Typenbuch und andere frühe Schriften« kennengelernt und ahnte, daß solche Art der Seelenheilkunde meinem Unternehmen nützlich sein würde. So kam es, daß ich neben dem Medizinstudium bei Jung-Schülern wie Dr. Stockmeyer, Stuttgart, Julia Aichele, Beuren, Dr. G. R. Heyer und Lucy Heyer, München, in die Lehre ging und 1934 durch C. G. Jung persönlich die Autorisation zur Psychotherapie in seinem Sinn erhielt. Das war damals, als es die institutionalisierte Ausbildung im heutigen Sinne noch nicht gab, möglich und konnte in freiem Studium bei Könnern sehr fruchtbar werden. Zu der mir notwendig erscheinenden Ausbildung gehörten neben der Schulmedizin auch die Naturheilkunde und die Homöopathie. Der

Krieg brachte Erfahrungen auf allen Gebieten, ebenso die Mitarbeit am Deutschen Institut für psychologische Forschung und Psychotherapie in Berlin.

Als nach dem Krieg wieder Kongresse und Fortbildungsmöglichkeiten für Ärzte gegeben waren, konnte ich meine bisherigen Erfahrungen und Fähigkeiten nahtlos in die anthroposophische Medizin einbringen und menschenkundlich erweitern. Nur die Tiefenpsychologie nicht. Da galt es, manche Mißverständnisse, die in langen Jahren weitergetragen worden waren, aus dem Wege zu räumen und in einem zuerst kleinen Kollegenkreis intensiv zu arbeiten, bis es 1978/79 schließlich zur Gründung des Instituts für anthroposophisch orientierte Psychotherapie kommen konnte.

Nach Kenntnis dieses Werdegangs wird man eher verstehen, daß mir selbst die »Erweiterung der Heilkunst« auch auf dem tiefenpsychologischen Gebiet zu einem inneren Anliegen wurde. Ich empfand meine Arbeit auch als eine mir von meinen beiden »Lehrmeistern« C. G. Jung und Rudolf Steiner gestellte Aufgabe. Daß die beiden Zeitgenossen nebeneinandergestellt werden sollten und konnten, entsprach ganz offensichtlich einem Zeitbedürfnis, wie auch aus dem Interesse der Stuttgarter Akademie für Tiefenpsychologie und analytische Psychotherapie (Leiter Prof. Dr. Dr. W. Bitter) für die durch Anthroposophie erweiterte Tiefenpsychologie deutlich wurde. Gerhard Wehr kam diesen Bedürfnissen entgegen, indem er in seinem Buch »C. G. Jung und Rudolf Steiner« die beiden Persönlichkeiten einander gegenüberstellte und eine »Konfrontation und Synopse« versuchte.[2] Diese dankenswerte Arbeit bringt auch viele sorgfältig zusammengestellte Literaturhinweise.

Mein Weg war ein anderer. Für mich lag die Verwirklichung dieser Zeitaufgabe im praktischen Tun, in der Stille meiner eigenen Praxis.

Um deutlich zu machen, welche Schwierigkeiten zunächst dabei zu bewältigen waren, sei an dieser Stelle kurz Rudolf Steiners Meinung über die »Psychoanalyse«[3] dargelegt. Er sagte unter anderem: »Psychoanalyse ist in unserer Zeit eine Erscheinung, welche die Menschen nötigt, aufmerksam zu werden auf gewisse Seelenvorgänge; auf der anderen Seite aber veranlaßt sie die Menschen, solche Seelenerscheinungen mit, ich möchte sagen unzulänglichen Erkenntnismitteln zu betrachten. Und das ist ganz besonders bedeutsam, weil diese Betrachtung mit unzulänglichen Erkenntnismitteln einer Sache, die ganz augenscheinlich da ist und die menschliche Erkenntnis in der Gegenwart herausfordert, zu den mannigfaltigsten schweren Verirrungen führt und nicht ungefährlich ist für das soziale Leben, für die Fortentwicklung der Erkenntnis und den Einfluß dieser Fortentwicklung der Erkenntnis auf das soziale Leben.

Man kann schon sagen: Viertelswahrheiten können unter Umständen schädlicher sein als ganze Irrtümer. Und als eine Art von Viertelswahrheiten müssen schon die Dinge betrachtet werden, welche bei den psychoanalytischen Theoretikern heute zutage treten.«

Rudolf Steiner sah durchaus, daß diese Analytiker »über die Universitätswissenschaft hinausgehen«, daß sie über den »bloßen Materialismus hinaus« sind. Er beanstandet vor allem die »unzulänglichen Erkenntnismittel«. Für mich lag eine *Aufforderung* darin, diese Erkenntnismittel eben zu erwerben, und zwar mit Hilfe der Anthroposophie. Ganz mit Recht spricht Steiner auch von der Schädlichkeit der »Viertelswahrheiten«. An anderer Stelle, nämlich in der »Geheimwissenschaft« sieht er eine andere Viertelswahrheit in dem berechtigten, gesunden Bedenken von Menschen, die in falsch verstandener Anthroposophie die Gefahr müßiger Träumerei sehen. Das habe einen gewissen wahren Kern in sich, sei eine Viertelswahrheit, die durch die anderen Dreiviertel ergänzt werden müsse. Man mache denjenigen, der das eine Viertel gut sieht, aber von den drei anderen nichts ahnt, nur mißtrauisch, wenn man das eine richtige Viertel bekämpft.

Ich meine, Viertelswahrheiten sind nur dann gefährlich, wenn sie als allein geltende, ganze Wahrheit ausgegeben werden. Wenn man die Menschen nicht mißtrauisch macht und ihr Viertel nicht sogleich abqualifiziert, kann man darauf *aufbauen*.

Auch ist der Zeitpunkt zu beachten, zu dem Rudolf Steiner seine »negativen Äußerungen« tat. Im Jahre 1917 gab es drei Schulen bzw. Richtungen in der Tiefenpsychologie: die nach Sigmund Freud, die nach Adolf Adler und die nach C. G. Jung. Letzterer war zunächst Schüler von Freud, hob sich aber dann mit seiner Arbeit bis in die Wortbezeichnung hinein von diesem ab. Er bezeichnete sie als analytische oder komplexe Psychologie, die aber 1917 noch ganz in ihren ersten Anfängen stand. Rudolf Steiner hat nur von der »analytischen Psychologie, auch Psychoanalyse genannt« gesprochen; er machte also keinen Unterschied. Die Bezeichnung »Tiefenpsychologie« kam überhaupt erst später auf und sollte die verschiedenen Schulen und Varianten umfassen.

Wenn Steiner das »Psychoanalytische« ablehnte, so galt die Ablehnung nicht dem Gebiet als solchem. Er sprach davon als einem der Bereiche, »die mit aller Energie von den Menschen heute gewissermaßen fordern, daß sie erforscht werden«. Seine Ablehnung, ja sogar Warnung bezieht sich eindeutig auf die »unzulänglichen Erkenntnismittel«.

Zudem fiel mir auf, daß er in den erwähnten Vorträgen lange Passagen aus einem Buch von C. G. Jung zitierte, die mir so nicht geläufig waren, bis ich nach mühsamen Überprüfungen darauf stieß, daß Steiner aus der Erstausgabe von Jungs Werk aus dem Jahre 1916 zitierte, das damals noch »Die Psychologie der unbewußten Prozesse« hieß. Bei der dritten Auflage im Jahre 1925, die Steiner nicht mehr kannte, wurde es im Vorwort von Jung »für nötig erachtet, ziemlich umfangreiche Veränderungen und Verbesserungen vorzunehmen«, und er änderte sogar den Titel um in »Das Unbewußte im normalen und kranken Seelenleben«. Im Vorwort zur fünften Auflage 1942, die nun den Titel bekam »Über die Psychologie des Unbewußten«, erwähnt Jung, daß er viele Unzulänglichkeiten ausgemerzt oder verbessert habe und daß ein so schwieriger Stoff nicht nur Anlaß zu vielen neuen Erkenntnissen, sondern auch zu Irrtümern gebe.

Jung spricht selbst von dem »In-Fluß-Sein« seiner Erkenntnisse. Er war gerade in jenen Jahren in einer tiefgreifenden Wandlung begriffen. Rudolf Steiner wird – so muß ich annehmen – auch bei späteren ähnlichen Bemerkungen nur die erste Veröffentlichung von Jung gekannt haben. Ganz eindeutig aber haben sich die Erkenntnisse und Erfahrungen der Tiefenpsychologie, insbesondere durch C. G. Jung und seine Schüler, seit den Äußerungen Rudolf Steiners erweitert und vertieft. Grenzüberschreitungen aus dem Nur-Seelischen ins Geistige hinein ergaben sich in der folgerichtigen Weiterarbeit.

Dennoch fußen alle Schulen und Varianten auf dem gegenwärtig gängigen Weltbild, in dem der Mensch das »höchste Säugetier« geblieben ist. Selbst geistig aufgeschlossene oder konfessionell gebundene Therapeuten legen im allgemeinen ihren wissenschaftlichen Arbeiten den Darwinismus zugrunde.

Mir aber ergab sich die Frage: Gibt es eine Weltsicht, die unter Einbeziehung moderner naturwissenschaftlicher Forschungsergebnisse Mensch und Welt in einen Zusammenhang bringt, der keine Trennung von Glauben und Wissen nötig macht? Daß die Anthroposophie dies leisten kann, hat sich bereits auf vielen Gebieten erwiesen. Auch auf dem Gebiet der Tiefenpsychologie ist eine wesentliche Bereicherung durch die *gelebte* – nicht nur theoretisch zur Kenntnis genommene – Anthroposophie möglich, wie es die Erfahrung von bis jetzt allerdings noch wenigen Psychotherapeuten zeigt. Das verpflichtet geradezu zu dem Versuch, die »Erweiterung der Tiefenpsychologie durch anthroposophische Erkenntnisse« zu erarbeiten.

Der Leser wird allerdings enttäuscht sein, wenn er erwartet, daß man Punkt für Punkt aufzeigen kann, an welcher Stelle und in welcher Form die Erweiterung der Tiefenpsychologie durch Anthroposophie »gemacht« wird. Auf dem Gebiet der Arzneimittelfindung läßt sich noch einigermaßen abstrakt-denkerisch darstellen und vergleichen, wie sich die schulmedizinische Denkweise von der homöopathisch oder anthroposophisch orientierten unterscheidet. Aber auf dem Gebiet der Psychotherapie ist der Arzt wie kaum sonst zugleich Operateur *und* Instrument. Darum muß die Erweiterung der Heilkunst in der *Person* des »Operateurs«

anfangen, und er verändert sein Instrumentarium so, wie es ihm sinnvoll erscheint. Zu diesem Instrumentarium gehört für mich therapeutisch-methodisch die außerordentlich wichtige Traumarbeit C. G. Jungs mit seiner Erkenntnis von der sogenannten Objekt- und Subjektstufe. Ebenso brauchbar sind für mich seine bildhaft-lebendigen Begriffe der sogenannten Archetypen wie Schatten, Animus – Anima in der praktischen Arbeit, wo sich Brücken zu anthroposophischen Charakterisierungen ergeben. Aber natürlich kann man nur etwas erweitern, das man kennt und keinesfalls etwas, das man verachtet.

Für meine Arbeit ist das Menschenbild der Anthroposophie die wesentliche Grundlage, und zwar sowohl die Dreigliederung des menschlischen Organismus in Sinnesnervensystem, rhythmisches System und Gliedmaßen-Stoffwechselsystem als auch die vier Wesensglieder: der physische Leib, der Äther- oder Lebensleib, der Astralleib und das Ich. Ein zweiter, wesentlicher Punkt ist die Einbeziehung des Reinkarnationsgedankens sowie als dritte grundlegende Erweiterung die Anschauung vom zweierlei Bösen.

Die Verwirklichung meines Weges lag dann im praktischen Tun. Aus meiner Arbeit konnte ich hin und wieder bei den Psychiatrischen Hochschulwochen am Goetheanum in Dornach berichten. Aus einem kleinen Kreis mitarbeitender Kollegen konnte schließlich im Februar 1979 das Institut für anthroposophisch orientierte Psychotherapie an der Filderklinik bei Stuttgart gegründet werden. Von meinem persönlichen Bemühen möchten die nachfolgenden Wiedergaben von Referaten sprechen. Diese wurden teils bei den erwähnten Hochschulwochen, teils bei Arbeitstagungen in der Filderklinik gehalten. Sie sind bewußt in der Vortragsform belassen, ohne dem Einblick in »meine Werkstatt« einen wissenschaftlichen Anstrich geben zu wollen. Auch schien es mir aus historischen Gründen wichtig, sie in der Reihenfolge zu bringen, wie sie gehalten wurden, weil daraus auch eine Entwicklung in der Arbeit deutlich wird. Deshalb lassen sich gewisse Wiederholungen nicht ganz vermeiden. Ein Vortrag über den Traum in der Psychotherapie sei vorangestellt, weil er Grundlegendes vermittelt, was von mir methodisch weiterentwickelt wurde.

Der Umstand, daß ich von den verschiedensten Seiten immer wieder gebeten wurde, etwas von meinen Erfahrungen niederzuschreiben, gibt mir den Mut zur Veröffentlichung. Allerdings zögere ich immer etwas, wenn es um die Darstellung von sogenannten »Fallbeispielen« geht, diese außerhalb der schützenden Sprechzimmerwände preiszugeben. Ich spreche ja nicht von »Fällen«, sondern von Menschen, die sich mir anvertrauten. Alle Betreffenden wurden gefragt, ob ich zum Beispiel ihre Träume in Ärztekreisen erzählen dürfe, und sie erklärten sich damit einverstanden. Aber durch das gedruckte Buch erweitert sich der Kreis, und es besteht keine ärztliche Diskretion. Ich möchte deshalb meine Leser bitten, mit dem gewährten Einblick in Menschenschicksale behutsam umzugehen.

Frühjahr 1986 *Käthe Weizsäcker*

Der Traum in der Psychotherapie nach C. G. Jung

Den folgenden Ausführungen sei die Bemerkung vorangestellt, daß ich hier *nicht* eingehen will auf die weltanschaulichen Hintergründe, die sich sofort auftun, wenn von »Anthroposophie und Psychoanalyse« die Rede ist. Ich will auch nicht eingehen auf die Unterschiede zwischen Freuds Psychoanalyse und C. G. Jungs analytischer Psychologie, mit welcher Bezeichnung sich Jung von seinem Lehrer Freud absetzte. In beiden Methoden wird der Traumarbeit eine wichtige therapeutische Bedeutung eingeräumt.

Ich will schlicht und einfach Grundbegriffe vermitteln von dem, was Jung zur Psychologie des Traumes gesagt hat, Grundbegriffe, mit welchen seine Schüler arbeiten. Und ich möchte diese anhand von einigen Beispielen anschaulich zu machen versuchen. Urteilen können wir ja nur, wenn wir wissen, was wir be- oder gar verurteilen wollen.

Ich werde mich vorwiegend an Jungs Veröffentlichungen aus den zwanziger Jahren halten, insbesondere an einen Aufsatz »Allgemeine Gesichtspunkte zur Psychologie des Traumes«. Das bietet sich mir schon deshalb an, weil ich selbst in diesen Jahren in die analytische Psychologie hineingewachsen bin. Hinzuzufügen ist jedoch, daß *ich* für meine Person die Vereinigung der erlernten therapeutischen Traumarbeit mit der anthroposophischen Menschenkunde und meiner sonstigen anthroposophisch-ärztlichen Arbeit, meinem Anthroposoph-Sein überhaupt, vollziehen konnte.

Während Rudolf Steiner dem *Traumbewußtsein* zwischen dem Wach- und Schlafbewußtsein eine gleichrangige Wertigkeit einräumte – innerhalb seines Dreigliederungsgedankens auch in der Menschenkunde –, machte Sigmund Freud – die beiden waren ja annähernd Zeitgenossen – den Traum als *psychisches Gebilde* zum

Objekt seiner ärztlich-wissenschaftlichen Forschung und bezeichnete ihn als via regia in das Unbewußte.

Der Menschenkreis, vor dem beide ihre Gedanken erstmals vortragen konnten, war grundverschieden.

Rudolf Steiner fand für seine umfassende Geisteswissenschaft einen zunächst kleinen Kreis weltanschaulicher Prägung: die theosophische Gesellschaft, während für Freud das Rednerpult der naturwissenschaftlich-ärztlichen Gesellschaft zur Verfügung stand, von wo aus er freilich die damals theoretisch sehr materialistischen Kollegen entsetzte.

Die – man möchte sagen – »Eierschalen« des Startplatzes, die beiderseits bald gesprengt werden mußten, hafteten der jeweiligen *Entwicklung* der Bewegungen, die ob des neuen Einschlages willen entstehen mußten, noch lange an. Sie sind auch noch bei Freuds bedeutendsten Schüler, C. G. Jung, erkenntlich. Dies sollten wir nicht aus dem Bewußtsein verlieren.

Träume, insbesondere soweit sie in der Therapie verwendet werden, sollten nie als solche, sozusagen im leeren Raum, gedeutet werden. Ohne genaue Kenntnis der Biographie eines Menschen und seiner gegenwärtigen Bewußtseinslage darf man einen Traum therapeutisch nicht verwerten. Die Psychotherapeuten aller Schulen sehen hinter dem mehr oder weniger fragmentarischen, oft phantastisch anmutenden Sinn des manifesten Traumgebildes noch einen tieferen Sinn, für dessen Ergründung Freud eine Technik angegeben hat, deren sich in gewissen Abwandlungen alle analytisch arbeitenden Therapeuten bedienen.

Das Material, das in den einzelnen Stücken des Traumbildes gegeben ist, wird durch *Einfälle* des Patienten erweitert. Die Einfälle dürfen ungeordnet kommen: Erlebtes, Gelesenes, Gedachtes.

Zunächst tauchen meist Erinnerungen an früher Erlebtes auf. Die von Freud vorwiegend geübte *kausale* Betrachtungsweise wurde von Jung durch die *finale* Betrachtungsweise wesentlich erweitert.

Die sogenannten *Wunscherfüllungs*träume gehören der kausalen Betrachtungsweise an und sind allgemein so bekannt geworden, daß sie fast als einziger Traumsinn gewußt werden. So sollte zum Beispiel in einer Reportage über experimentelle Traumforschungen von Professor Dement (Universität Chicago) die ganze Freudsche Wunscherfüllungs-Traum-Theorie abgetan werden, weil die Forscher fanden, daß ganz kleine Babys lebhaft und viel träumten. Nach Freuds Theorie hätten diese aber weniger, bzw. noch nicht zu träumen!

Daß Jung schon in den zwanziger Jahren den Zwecksinn, die Zielstrebigkeit der Träume herausgearbeitet hat, ist kaum in Fachkreisen bekannt.

Die kausale Betrachtungsweise tendiert ihrer Natur nach zur Eindeutigkeit. Auch die Einfälle zu oft banal erscheinenden Traumsituationen füllen manche Lücken, die durch Vergessen oder Verdrängen bei der bewußt gegebenen Biographie entstanden sind; sie erweitern also den Erinnerungshorizont und schaffen dadurch die Möglichkeit, daß der Patient sich in all seinem So-Gewordensein annimmt.

In der kausalen Freudschen Betrachtungsweise finden auch seine *festen Traumsymbole* ihren Ort. Es wird gesucht, was sich hinter der Symbolik verbirgt: etwa der Phallus hinter spitzen länglichen Gegenständen usw. Bei C. G. Jung ist das *Symbol selbst Aussage.* Es spiegelt die psychische Situation des Träumers wider in bezug auf die Aspekte, die ihm selbst unbewußt sind.

So träumte ein Patient immer wieder, ihm selbst unverständlich – eine Wunscherfüllung hätte anders ausgesehen! –, von Mannweibern, wie er sich ausdrückte, von muskulösen, ihn erdrückenden und bedrohenden weiblichen Gestalten. Solche Träume hörten auf, bzw. wandelten sich in dem Maße, wie ihm im Laufe der Therapie bewußt wurde, wie beherrschend für ihn eine strenge, alles besser wissende, gewalttätige Mutter war bis in sein erwachsenes Mannesalter hinein; und zwar wandelten sie sich in dem Maße, wie er sich nicht nur äußerlich von den Meinungen der Mutter, sondern auch von der »inneren Mutter« unabhängig gemacht hat.

Für die finale Betrachtungsweise C. G. Jungs sind die Traumbilder an sich wichtig. Das Symbol verhüllt nicht, es lehrt, es hat den Wert einer Parabel. Es enthüllt sich im Traum die Richtung, in der die psychische Entwicklung sich entfalten will. Oder, wenn es sich um eine aktuelle Krise handelt, dann zeigen sich die Kräfte, die hinausführen.

Der Traum vermittelt in sinnlich anschaulicher Darstellung Gedanken, Urteile, Tendenzen, welche aus Gründen der Verdrängung oder des bloßen Nichtwissens unbewußt waren. Er gibt nicht eine Darstellung der unbewußten Inhalte überhaupt, sondern solcher Inhalte, die assoziativ angezogen werden und ausgewählt sind durch die momentane Bewußtseinslage.

Oft wird von Menschen, die die Banalität und Unwichtigkeit der Träume betonen, angeführt, daß darin sehr häufig nur Reminiszenzen aus den Erlebnissen der Vortage auftauchen. Das ist auch oft der Fall. Aber man hat an dem Tage ja vielerlei erlebt. Was veranlaßt den Träumer zu seiner »Materialauswahl« aus dem Erlebten? Er konstelliert die Ergänzung aus dem Unbewußten zu der gegenwärtigen Bewußtseinslage. Das, was sozusagen schwellennahe ist, bewußseinsreif, wählt die entsprechenden Bildmaterialien aus dem Tagesleben aus. Und durch die Einfallsmethode wird das Traummaterial noch amplifiziert. Es »fällt« das »ein«, was mit dem Trauminhalt verbunden ist. Das ist der Leitfaden in den oft recht mannigfaltigen und auf den ersten Blick scheinbar nicht zur Sache gehörigen Erinnerungen und sonstigen Einfällen.

Beispielsweise kommt ein Patient und sagt, er habe gar nichts geträumt, das heißt, er wisse nur noch, daß er an einem Tisch gesessen sei. Das scheint unergiebig. Man fragt vielleicht: Wie war Ihre Stimmung? – Eher traurig! – Man fragt weiter: Was war das denn für ein Tisch? – Eben ein Holztisch – viereckig – wie so ein Eßtisch – ach, das war ja der Tisch unseres großen Zimmers in der alten Wohnung – an dem Tisch hatte ich eine entscheidende Auseinandersetzung mit meinem Vater! Und er kommt auf einen wichtigen Knotenpunkt seiner Biographie zu sprechen; er hatte in seiner Anamnese konventionell vom Vater ganz anders gesprochen, und nun kann er plötzlich Schwierigkeiten in seiner gegenwärtigen Situation auch ganz anders sehen und anpacken.

Auch bei den sogenannten *Leibreizträumen* geht es um die *Auswahl* der möglichen Traumbilder. Rudolf Steiner hat öfter von Leibreizträumen gesprochen – dieser Begriff hat damals auch eine größere Rolle gespielt. Er erwähnte zum Beispiel bei körperlicher Hitze das Traumbild des kochenden Ofens. Mit analytischer Einfallsmethode würde nun etwa gefragt: Was war das für ein Ofen? Und es käme etwa die Antwort: Im Kinderzimmer, und es fiele ein wichtiges Erlebnis aus der Kinderzeit ein, das bisher nicht bewußt verschwiegen werden sollte, sondern vergessen, verdrängt war, und das nun – vielleicht unter der körperlichen Mithilfe des Fiebers – bewußtseinsnah geworden war.

Durch die Aufnahme und Besprechung des ganzen Kontextes ergeben sich dem Patienten Einsichten in Vergangenes, mit denen er Gegenwärtiges oder Zukünftiges besser meistern kann. – Ein anderer würde vielleicht beim Fieber nicht von einem Ofen träumen – wenn er überhaupt von etwas Heißem träumt –, sondern von einem Johanni-Höhenfeuer, und es schlösse sich ein Einfallsgespräch an, welches mit seiner inneren geistigen Entwicklung zu tun hat, und das könnte auf eine Art *Feuerprobe* hinweisen.

Der seelisch Gesunde mag sich wohl mit der Feststellung: Fieber! daher der heiße Ofen! begnügen. Wenn wir den Traum therapeutisch verwerten wollen als die via regia ins Unbewußte, können wir aus demselben Leibreiztraum aber oft recht viel Bewußtseinserweiterung herausarbeiten.

Man kann diese Art von Träumen zu den *reaktiven* Träumen rechnen. Nach Ansicht C. G. Jungs haben die somatischen Reize nur ausnahmsweise eine determinative Bedeutung. Gewöhnlich gehen sie – wie ich eben zu zeigen versuchte – ganz ein in den symbolischen Ausdruck des unbewußten Trauminhalts, das heißt sie werden als Ausdrucksmittel benutzt.

Die nur reaktiven Träume sind in der Hauptsache die Reproduktion eines bewußten, affektvollen Erlebnisses. Dahin gehören die Fälle von schwerem Schock, zum Beispiel im Krieg. Es wird dann ein seelisches Trauma solange reproduziert, bis der traumatische Reiz erloschen ist. Ein solcher Traum darf natürlich nicht als kompensatorisch angesehen werden.

Aber ein solch reaktiver Traum wird leicht verwechselt mit einem ähnlich scheinenden, wo auch eine traumatische Situation reproduziert wird: wenn nämlich das Erlebnis noch eine *symbolische* Seite hat, welche dem Betreffenden entgangen war. Um dieser Seite willen wird das Erlebnis im Traum solange wiederholt, bis eine richtige Deutung und dadurch das Verständnis dem ein Ende setzt.

Hierher paßt vielleicht ein eigenes Traumerleben. Es handelt sich um das »Trauma« des Abiturs, was bei mir insofern eine gewisse Berechtigung hatte, als ich nach der mittleren Reife sieben Jahre außerhalb der Schule praktisch tätig war und dann nach *einem* Schuljahr das Abitur machte. Immer träumte ich, daß ich das Zeugnis nicht bekommen konnte, weil ich ein Fach ganz vergessen hatte. Dann begriff ich, daß es um eine *Reife*prüfung ging und ich in der Schule des Lebens wohl noch einige Fächer bis zur »Reife« bringen mußte. Und in dem Maße wie dies bewußt in Angriff genommen wurde, hörten diese Wiederholungsträume auf.

Die *kompensatorische* Bedeutung der Träume ist in absolut individueller Art zur jeweiligen Bewußtseinslage zu verstehen. Im Sinne der Selbststeuerung des psychischen Organismus sind die Träume also *zweckmäßig*.

Ein allzu pedantisch pflichteifriger Mensch, der im Tagesleben kein Spiel kennt, spielt im Traum. In den Grenzen des sogenannten Normalen genügt vielleicht das Spiel im Traum als Ausgleich. – Therapeutisch wird man den Hinweis wohl aufnehmen und ein geeignetes Hobby, etwa auch eine künstlerische Betätigung, suchen. – Für den Patienten ist es nach einem solchen Traum einsichtiger, warum er etwas tun soll, »was er doch nie getan hat und was ihm doch gar nicht liegt, ihm nur Zeit wegnimmt«, als wenn der Arzt ihm eine solche Tätigkeit einfach anrät oder verordnet.

Eine Art von kompensatorischer Funktion des Traumes ist

auch der *reduktive Traum,* wie es hauptsächlich durch Freud deutlich gemacht wurde. Diese Träume können bei Menschen auftreten, deren bewußte Einstellung und Anpassungsleistung ihre individuellen Möglichkeiten übersteigen. Sie sind ihrer äußeren Höhe nicht gewachsen.

So hat also Jung die Freudsche Traumformel von der Wunscherfüllung wesentlich erweitert zu der Formel: Der Traum ist eine spontane Selbstdarstellung der aktuellen Lage des Unbewußten in symbolischer Ausdrucksform.

Es bleibt dabei dahingestellt, ob er unter anderem auch Wunscherfüllung ist, oder ob es sich vielmehr um Vorauskombinierung von Möglichkeiten handelt. Auf diese *prospektive Funktion* des Traumes hat C. G. Jung besonders hingewiesen.

Ein weiterer wichtiger Schritt Jungs war, aufzuzeigen, daß die Symbolsprache, insbesondere die Sexualsprache des Traumes, nicht immer in konkretistischer Weise mißzuverstehen sei, und zweitens, daß sich die Figuren im Traum nicht immer nur auf reale Personen beziehen. Die unbewußten Inhalte sind im Traum auf passende Symbolträger projiziert. So kam Jung zu der Erweiterung der Traumbedeutung auf der *Subjektstufe,* worüber er sagt: »Der Traum ist jenes Theater, wo der Träumer Szene, Spieler, Souffleur, Regisseur, Autor, Publikum und Kritiker ist.«[1] Bei Träumen, die mehr auf der *Objektstufe* zu sehen sind, ist der im Traum auftretende Mensch auch als solcher gemeint. In der Praxis ergibt sich die Prävalenz gewöhnlich leicht. Wenn von einem Menschen geträumt wird, mit dem der Träumer durch vitale Interessen nahe verbunden ist, wird sicher die Deutung auf der Objektstufe näherliegen. Sehr häufig müssen in demselben Traum beide Stufen in Betracht gezogen werden.

Für den erfahrenen Psychotherapeuten, der viel mit Träumen umgeht, haben diese auch eine *prognostische* Seite. In dieser Hinsicht sind uns die sogenannten *Initialträume* eine unschätzbare Hilfe. Auch in manchen schwierigen Phasen der Behandlung, wenn der Patient vielleicht meint, es gehe ihm schlechter als je zuvor, können positive Träume für den Therapeuten eine Hilfe für sein eigenes Durchhalten sein und die Richtigkeit des eingeschlagenen Weges bestätigen.

Umgekehrt können Träume den Therapeuten warnen vor zu raschem oder überhaupt sehr tiefgreifendem Vorgehen, beispielsweise bei Patienten mit relativ gut aufgebauter Fassade, hinter der sich unter Umständen sogar eine Psychose verbirgt.

Manche Patiententräume stellen auch für den Therapeuten eine *Korrektur* dar, eine Korrektur seiner Einstellung zum Patienten, einer geäußerten oder nicht geäußerten Meinung, eines methodischen Fehlers oder einer vorhergehenden Deutung eines Traumes, dem er nicht gerecht geworden ist.

Eine befreundete Kollegin erzählte mir einmal ein besonders nettes Beispiel dazu: Es handelte sich um eine Patientin, die philosophisch und theoretisch psychologisch besonders interessiert war und das Gespräch immer gern auf solch allgemeine Themen lenkte, weg von ihrer eigenen Problematik und Symptomatik. Solchen Patienten gegenüber sind wir ja leicht in Gefahr, uns weglokken zu lassen vom eigentlich therapeutischen Weg und über dem so interessanten Gespräch nicht zu merken, daß der Patient einem eigenen schwierigen Knotenpunkt mehr oder weniger bewußt ausweicht.

Nun: diese Dame träumte, daß sie mit ihrer Therapeutin in einer »*Plauderbarke*« fuhr!

Aus fast allen Träumen, oft auch aus kleinen Traumfetzen, lassen sich Erkenntnisse gewinnen. Wie viel und wie wenig der Patient jeweils von den hier dargelegten Begriffen aus der Traumarbeit erfährt, ist gar nicht so wesentlich. Für seine Heilung genügt die Welt der Imagination, die bei solcher Traumarbeit gemeinsam betreten wird, und das Mitbringen der für ihn bewußtseinsreifen Erkenntnisse.

Zum Schluß sei noch ein innerer Hintergrund angedeutet, der meine Arbeit begleitet. In seinen »Esoterischen Betrachtungen karmischer Zusammenhänge«[2] hat Rudolf Steiner in einer Zeichnung dargestellt, wie er den dreigliedrigen Menschen und die see-

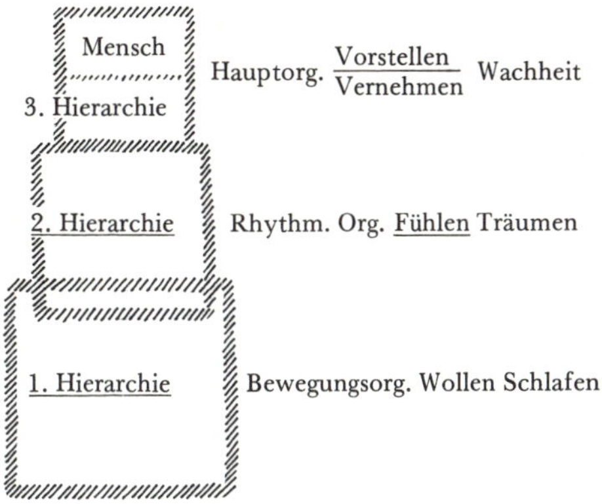

lische Zuordnung von Vorstellen, Fühlen und Wollen sieht. »Wo wir im wachen Tagesbewußtsein vorstellen, nur da sind wir eigentlich selbst als Mensch, da haben wir uns als Mensch. Wo wir mit unserem Bewußtsein nicht hinreichen – nicht einmal zu den Ursachen der Erinnerung reichen wir –, da haben wir uns nicht als Mensch, da sind wir in die Welt eingegliedert... Ebenso wie Sie mit dem Physischen zusammenhängen, so hängen Sie in bezug auf Ihr Geistiges – in dem Augenblick, wo Sie ins nächste Unterbewußte herunterkommen, in diejenige Region, aus der die Erinnerung aufsteigt –, so hängen Sie da zusammen mit dem, was man die dritte Hierarchie nennt: Angeloi, Archangeloi, Archai... Gehen wir nun hinunter in die Region, seelisch gesprochen, des Fühlens, körperlich gesprochen der rhythmischen Organisation, aus der ja nur die Träume des Gefühles heraufkommen, da haben wir uns erst recht nicht als Mensch. Da hängen wir mit dem, was die zweite Hierarchie ist, zusammen: geistige Wesenheiten, die nicht sich in irgendeinem Erdenleibe verkörpern, sondern die in der geistigen Welt bleiben, die aber ihre Strömungen, ihre Impulse, dasjenige, was von ihnen als Kräfte ausgeht, in die rhythmische Organisation des Menschen unaufhörlich hineinsenden. Exusiai, Dynamis, Kyriotetes, das sind die Wesenheiten, die wir in unserer Brust tragen... Mit dem Höchsten stehen wir gerade durch unser Gliedmaßensystem in Verbindung. Mit der ersten Hierarchie, mit Seraphim, Cherubim, Thronen stehen wir in Verbindung durch dasjenige, was uns durchgeistet.« Denn »der Mensch vollbringt in seinem Wollen – das gehört der ersten Hierarchie an – bestimmte Taten«.

Im Umgang mit den Patienten muß man sehr behutsam und zurückhaltend sein mit der eigenen weltanschaulichen Meinung. Die Neurotiker sind häufig ausgeprägte Materialisten, und man kann keinesfalls geistige Dinge von außen oder in belehrender Form an sie herantragen.

Wenn wir aber nun mit einem Patienten die Traumarbeit machen, wenn er die Bedeutung der Träume erfährt, so haben wir ihn im Grunde – ob er es weiß oder nicht – in seiner Beziehung zu den Hierarchien angesprochen. In der Tatsache, *daß* er träumt und durch die Träume angerührt ist, haben wir ihn in Berührung gebracht mit der zweiten Hierarchie; weil wir mit ihm darüber sprechen und diesen für ihn bisher unbewußten Bereich *begrifflich* zu fassen suchen und seinem Bewußtsein angliedern, mit der dritten Hierarchie; und wenn es uns gelingt, was ja der Zweck der Übung ist, etwas von dem Erkannten in seinen *Willen* umzusetzen und das Tun der Zukunft anders zu gestalten, dann sogar mit der ersten Hierarchie.

Das Erlebnis der geistigen Erfahrung, des Wachstums in vorher nicht gewußte geistige Bereiche hinein, das wird und muß der Patient bei jeder *tiefen*psychologischen Arbeit haben. Es deckt sich in gewisser Weise mit dem, was Jung unter dem Individuationsweg versteht. Ob man bei dem einen oder anderen Patienten gelegentlich einfließen lassen kann, daß er in seinen Innenerfahrungen den Hierarchien begegnet oder dem »Christus in mir« wie Paulus es nennt, was etwas mit dem Jungschen »Selbst« zu tun hat –, das ist nicht so sehr von Belang, so befriedigend es manchmal auch sein kann. Für den Patienten genügt die Erfahrung seiner Gesundung durch seine Bewußtseinserweiterung, zu der die Traumarbeit wesentlich beisteuert.

Der anthroposophische Therapeut darf wissen, mit welch hohen geistigen Mächten er »ständigen Umgang« pflegt bei seiner

Arbeit am Patienten. Er wird einen entsprechend ehrfurchtsvollen Umgangston anstreben, und er darf sich frei von dem Vorwurf fühlen, daß er unrechtmäßig in die *Freiheit* des anderen *Ichs* eingreife und sich in gefährliche karmische Verflechtungen einlasse. Das tut man mit jeder ärztlichen Handlung, auch mit der des *Unterlassens* einer Hilfeleistung. Denn: »Wer da weiß Gutes zu tun und tut's nicht, dem ist es Sünde!« (Jak.-Brief 4,17).

II. Traumarbeit am Beispiel eines Tetanie-Falles

Psychotherapie, hier im engeren Sinne als analytisch-synthetische Tiefenpsychologie gemeint, ist eine *Heilweise.* Eine Heilweise aber ist primär keine Frage der Weltanschauung, sondern der Indikation, das heißt: ihre Anwendung ist bei *diesem* Menschen, in *dieser* gesundheitlichen Situation und an *diesem* Punkt seiner Biographie der aussichtsreichste Weg, ihm zu helfen. Jeder Arzt sollte so viel über die Tiefenpsychologie wissen, wie zu der Indikationsstellung nötig ist. Mit anderen Worten: er sollte erkennen, wann der Psychotherapeut hinzugezogen werden muß, der die Methode der notwendigen Heilweise beherrscht, so wie bei anderen Krankheitsbildern auch andere Fachärzte hinzugezogen werden.

Die hier gemeinte Psychotherapie muß also erlernt werden, und sie sollte erlernt werden können wie jede andere Fachdisziplin auch. Während jedoch beim Fachchirurgen vergleichsweise mehr die angeeigneten oder auch mitgebrachten »handwerklichen« Fähigkeiten eine Rolle spielen, ist beim Psychotherapeuten die Ausstrahlung der *Persönlichkeit* von ausschlaggebender Bedeutung, obgleich er wiederum nur kraft seiner Persönlichkeit noch lange kein guter Psychotherapeut zu sein braucht. Er ist bei seiner »Operation« Ausübender und Instrument zugleich. Sein Betätigungsfeld geht über das Physische am Menschen hinaus, darum können unqualifizierte, wenn auch noch so gut gemeinte Behandlungen Schlimmeres anrichten als ein ungekonnter physischer Eingriff. Das gleiche gilt natürlich auch für eine Psychotherapie, die nur noch quantitativ greifbare Technik handhabt.

Wenn im weiteren Verlauf der Darstellung deutlich wird, wie ausschlaggebend auch die Beziehung zwischen Psychotherapeut und Patient ist, dann wird auch verständlich werden, daß eine Kasuistik – also die Beschreibung von Krankheitsfällen – niemals ein richtiges Bild von dem geben kann, was als *wirklich* Wirksames in dem ganzen Prozeß geschieht. Über Methode und Erfolge kann man berichten, soweit diese quantitativ zu erfassen sind, zum Beispiel durch Symptombeseitigung. Aber selbst wenn durch Tonbandaufnahmen der Verlauf der Psychotherapiestunden festgehalten wird, entgleitet einem das »Eigentliche«. Das sollte auch derjenige bedenken, der glaubt es verantworten zu können, mittels Tonbändern das Werdende zu belauschen.

Unter diesen Vorbehalten soll nun versucht werden, über einen Fall, der sich zur Demonstation relativ gut eignet, zu berichten.

Über die Vorgänge in der psychotherapeutischen Behandlung sind immer noch die verschiedensten Vorstellungen im Gange. Das wird an den Patienten deutlich, die in die Sprechstunde kommen. Die einen wissen aus Literatur und Massenmedien schon »alles«, was sie erwartet und wie es zu verlaufen hat und verbauen sich dadurch das *Erleben* des heilenden Prozesses. Die anderen fürchten, im Sinne einer seelischen Vivisektion »ausgeforscht« zu werden und meiden aus Vorurteil die an sich seit langem indizierte Psychotherapie. *Keinem* kann ein fertiges Ergebnis der Ausforschungen plus ärztlichem Wissen vorgesetzt werden.

Meine Form ist – auf der Grundlage der Schule C. G. Jungs – das freie Gespräch, welches freilich nach gewissen »Spielregeln« gehandhabt wird. Diese werden wie alle Spielregeln vorher vereinbart. Vor allem pflege ich meinen Patienten am Anfang die Notwendigkeit der *aktiven* Mitarbeit – statt der passiven »Behandlung« – klarzumachen. Ich benutze dabei gern folgendes Bild:

Wir machen jetzt zusammen eine Bergbesteigung. Es ist der *Ihnen* zugehörige »Berg der Erkenntnis«. Ich bin sozusagen der Bergführer, das heißt ich habe Ihnen Technik und Erfahrung des Bergsteigens voraus. *Ihren* Berg kenne ich so wenig wie Sie. Gehen, steigen und anstrengen müssen wir uns beide. An gefährlichen Stellen gehen wir angeseilt. Das bedeutet eine Sicherung für

Sie, aber Sie werden nicht am Seil hinaufgezogen. Wie weit wir hinaufkommen, wie lange es dauert und was für eine Schau wir haben werden, kann man vorher nicht wissen. Eine Erweiterung des Horizontes wird es auf jeden Fall für Sie sein.

Dies Bild ist jedem unmittelbar einleuchtend, und nur, wenn der darin ausgedrückte Prozeß vom Patienten bejaht wird, kann mit der eigentlichen Arbeit begonnen werden. Dabei wird zunächst besprochen, welche Rolle das Unbewußte im Seelenleben spielt, weil die Ursachen der jeweiligen Symptomatik den betreffenden Patienten unbewußt sind, und es wird erklärt, daß es Manifestationen des Unbewußten gibt, wie zum Beispiel die Träume, die uns über die bewußten Erinnerungen hinaus weiterführen könnten. Wir machen jedoch keine »Traumdeutung an sich«, sondern schauen Träume vielmehr im Zusammenhang mit der jeweils bewußten Situation an.

Auf der so geschaffenen Vertrauensbasis, die ja auch gegenseitige Offenheit beinhaltet, kann dann das Abenteuer beginnen. Zumeist sitzt der Patient mir gegenüber, weil sich auch darin die Partnerschaft ausdrückt. Er erzählt seine Biographie, meist gern und ausführlich. Daß eine solche gemeinsame Lebensrückschau schon an sich etwas Heilendes und Befreiendes haben kann, ist allgemein bekannt; denn der »Beichtende« sieht im Erzählen *selbst* das Erlebte klarer und objektiver als vorher.

Es geschieht dabei Ähnliches, wie Rudolf Steiner im ersten Kapitel seines Buches »Wie erlangt man Erkenntnisse der höheren Welten?«[1] beschreibt, wenn er davon spricht, daß der Schüler in ausgesonderten Augenblicken anzustreben habe, seine eigenen Erlebnisse und Taten so anzuschauen und zu beurteilen, als ob er sie nicht selbst, sondern als ob sie ein anderer erlebt oder getan hätte. Es kommt in der Therapie nun darauf an, daß der Arzt den Spiegel gleichsam so stellt, daß der Patient mehr sieht, als wenn er die Rückschau allein machte, ohne dabei jedoch sofort eine Meinung des Therapeuten vorgesetzt zu bekommen.

Eine viel umfassendere Anamnese, als sie sonst ein Arzt zu hören bekommt, tut sich dabei auf. Rudolf Steiner bezeichnet den

»Ätherleib«, den Träger der Lebens- oder Bildekräfte, auch als »Zeitenleib«. Und wenn sich so eine Biographie vor einem entrollt, kann man ordentlich das »Wesen Krankheit« vor sich sehen, wie es in der Zeit und durch manche Metamorphosen hindurch gewachsen ist.

Ich möchte nun auf einen *Tetanie-Fall* eingehen, an dem zum einem diese phasenweise Entstehung besonders deutlich wird, zum anderen sich an einigen schulbeispielhaften Träumen deren Verwertung im diagnostischen wie therapeutischen Sinne aufzeigen läßt und sich schließlich etwas erahnen läßt von der Ich-Findung des Patienten auf diesem tiefenpsychologischen Wege.

Zunächst sei hier noch kurz zusammenfassend das Nötigste zur Tetanie gesagt: Es handelt sich bei diesem Krankheitsbild um intermittierende tonische Krämpfe, vorwiegend der oberen Extremitäten, welche die Hand in die typische Pfötchenstellung bringen. Wird auch die Gesichtsmuskulatur betroffen, kommt es zum sogenannten Karpfenmund. Es treten Paraesthesien und Schmerzen auf. Der Patient ist dabei bewußtseinsklar, aber hilflos dem Geschehen ausgeliefert. Diese als Anfälle auftretenden Phänomene beruhen auf einer sogenannten spasmophilen Veranlagung, was sich meist schon in der Kindheit verliert. Diagnostisch kann man durch galvanischen Strom oder gewisse mechanische Manipulationen solche Krämpfe auslösen. Innersekretorische Dysregulationen, besonders der an der Schilddrüse gelegenen Epithelkörperchen mit Änderungen im Blutchemismus, werden oft auch bei der latenten Tetanie gefunden. Diese mehr oberflächliche Phänomenbeschreibung möge genügen. Der Tetanus als Infektionskrankheit, der als Wundstarrkrampf durch die dagegen angebotene Impfung bekannt ist, hat nichts mit dieser nervlichen Übererregbarkeit zu tun. – Die Diagnose Tetanie war bei unserem Patienten auch klinisch erhärtet.

Die Psychotherapie begann, als der Patient, ein junger Lehrer, 24 Jahre alt war. Im ersten Jahr fanden 28 Sitzungen, im zweiten Jahr 27 Sitzungen, im dritten Jahr 26 Sitzungen, im Jahr darauf noch zwei rückschauend berichtende Sitzungen statt. Die jeweiligen Behandlungszeiten waren meist eineinhalbstündig, oft einstündig. Zwei Monate nach Psychotherapiebeginn war der letzte richtige Tetanie-Anfall; zwei Jahre später gab es manchmal noch »Vorzustände«, mit denen der Patient jedoch selbst, ohne ärztliche oder medikamentöse Hilfe, fertig wurde. Der damalige Patient ist bis heute gesund und in angesehener, verantwortungsreicher führender Stellung tätig.

Der Patient, wir wollen ihn E. nennen, war konstitutionell ein großer, blasser, rotblonder Mann von asthenischem Habitus, vegetativ labil, hypoton, still. Vor der psychotherapeutischen Behandlung wirkte er nach außen schüchtern und fast linkisch.

Er kam nur langsam und umständlich ins Gespräch. Dabei ist er klug, geistig interessiert, künstlerisch, vor allem musikalisch begabt. Er ist der jüngste von drei Brüdern, sein Vater ein Beamter der sogenannten mittleren Laufbahn, seine Mutter eine gute, um die Familie besorgte Hausfrau, die diese Pflicht zu ihrem Lebensinhalt gemacht hat.

Mit sieben Jahren, im Anschluß an eine Masernerkrankung hatte er starke Halsdrüsenschwellungen, welche durch Röntgenbestrahlung beseitigt wurden. In der Pubertät kam er wegen Scheuermannscher Krankheit mit Skoliose in orthopädische Behandlung und mußte lange Zeit nachts in der Gipsschale liegen. Im Alter von etwa 18 Jahren kam es zu unklaren Bauchbeschwerden, die den Patienten erstmals in meine hausärztliche Behandlung führten. Diese erwiesen sich beim ersten typischen Tetanie-Anfall, der in meinem Wartezimmer stattfand, als Vor- und Begleitsymptome. An der Diagnose war nicht zu zweifeln; er war damals 20 Jahre alt.

Ohne weiteres lassen sich die Sieben-Jahres-Rhythmen der Entwicklung mit den jeweiligen Krankheitsmetamorphosen in Zusammenhang bringen:

Im siebten Lebensjahr darf der Ätherleib von seiner vorwiegenden Tätigkeit im Organischen frei werden, der größte Teil seiner Tätigkeit kann sich in die Fähigkeit des Denkens metamorphosieren. Dies gelang bei ihm nicht; er staute sich sozusagen in den

Drüsen – der Flüssigkeitsorganismus im lymphatischen Bereich ist ja sein hauptsächlichstes, im Leiblichen faßbares Gebiet –, und statt diese Stauung durch entsprechende Mittel langsam zu lösen, wurde die Drüse beseitigt. Die gesunde Ätherleibsentwicklung wurde damit verhindert, und gleichzeitig wurde die Chance verpaßt, die die Masern zu einer richtigen Inkarnation immer bieten.

Kein Wunder, daß die zweite Siebenjahres-Aufgabe der Wesensglieder nun auch nicht ohne weiteres gelöst werden konnte! Das Freiwerden des Astralleibes mit 14 Jahren, das eine seelische Weiterbildung ermöglicht, gelang ebenfalls nicht richtig. Es kam die Phase der knochenerweichenden Erkrankung. Wie sich dieses Ereignis im Psychischen auswirkte, soll später ausgeführt werden.

Gegen Ende des dritten Jahrsiebts, wo die Astralleibsentwicklung im seelischen Bereich so weit sein sollte, daß mit dem 21. Jahr die eigentliche geistige Ich-Entwicklung einsetzen könnte, fing das Krampfgeschehen an. Die dritte Metamorphose des ganzen Krankheitsgeschehens war die Tetanie.

Ein gesundes Überschreiten der Schwelle zur nächsten Entwicklungsphase wurde durch die jeweiligen Krankheiten verhindert. So konnte E., Mutters ohnehin verwöhnter Jüngster, der nun mit einem gewissen Recht als Kranker umsorgt wurde, den Schritt vom Kleinkind zum Schulkind nicht in gesunder Weise tun. Infolge der Scheuermannschen Krankheit und ihrer Behandlung durfte der Pubertierende nicht am Sport etc. teilnehmen und wurde in gewissem Sinn zum Außenseiter der Klasse; er war wieder der Umsorgte und versäumte die natürliche Auflehnungsperiode der Heranwachsenden. Die erlebte Organminderwertigkeit ließ ihn auch nicht zu einem freien, gesunden Umgang mit dem weiblichen Geschlecht kommen. Und nun kam mit Einsetzen der Tetanie die eigentliche Ich-Entwicklung trotz guter intellektueller Leistungen nicht von selbst in Gang.

Die Anfälle traten in den ersten zwei Jahren nur selten auf. E. war auswärts in der Ausbildung zum Volksschullehrer und kam nur in größeren Abständen zur Sprechstunde. Die Anfälle waren medikamentös noch gut zu beeinflussen. Mit 23½ Jahren jedoch, als er bereits an einer konfessionellen Heimschule unterrichtete, häuften sie sich. Er erlebte einen Heimleiter, der sich neben zur Schau getragener Frömmigkeit sexueller Vergehen an den Zöglingen schuldig machte. Es kam zu langandauernden, schweren Krampfzuständen, die ich während der Weihnachtsferien beobachten konnte. Die seelischen Zusammenhänge mit der Verschlimmerung wurden evident. Ich schlug eine psychotherapeutische Behandlung vor, zu der E. dann auch zu Ostern bereit war, nachdem er bemerkt hatte, daß psychologische Momente öfters auslösend für die Anfälle waren.

Eine ausführliche Verlaufsschilderung unter Mitteilung einer ganzen Traumreihe, die in unserem Fall verlockend wäre, würde den Rahmen dieser Arbeit sprengen. Ich möchte deshalb versuchen, an wenigen Träumen den Umgang mit diesen »Manifestationen des Unbewußten« zu zeigen und damit darzustellen, wie das Eintauchen in diese Bilderwelt heilend wirken kann, weil es auf andere als intellektuelle Art nicht nur Einsichten, sondern auch eine wesensändernde Kraft erleben läßt. Der Patient E. hat es selbst bereits in der siebten Sitzung, als über die Psychotherapie als solche gesprochen wurde, so formuliert: »Zum Ergebnis der Erkenntnis muß das Ereignis treten.« Er meinte damit jenes zentrierende Ereignis, das er jetzt ahnungsweise erstmals erfuhr.

Es war interessant, zu hören, daß bei den Anfällen *Bild*-Erlebnisse bei ihm auftraten, Erinnerungen an zeitlich nacheinander Geschehenes, das aber gleichzeitig als Bild erlebt wurde. An dieser Stelle soll an die Berichte solcher Menschen erinnert werden, die dem Tode nahe waren, etwa Ertrinkende oder im Gebirge Abstürzende, die gerettet wurden. Sie schildern häufig derartige Rückschau-Erlebnisse, wobei sie ihr ganzes Leben in großen Bildern sich abspulen sehen. Diese Bilder entstehen wohl, wenn sich nicht nur wie im Schlaf Astralleib und Ich, sondern auch der Ätherleib etwas aus dem physischen Leib herauslockert. Der Krampf ist dann wohl der übersteigerte Versuch des Astralleibes, wieder einzugreifen. Es zeigt aber in unserem Falle auch, wie ernst diese Anfälle zu nehmen waren.

In der dritten Sitzung mit Festigung des Vertrauens in das therapeutische Gespräch – meine Person war ihm hausärztlich schon bekannt – erzählte E. von einem Einzelbild, welches ihm neben dem Tableau auftauchte: Christus unter dem Kreuz zusammenbrechend. Das bedeutete Erschütterung und Halt für ihn zugleich. Obwohl er – in seiner kritischen Einstellung zu solch tiefem Erlebnis – eine Ähnlichkeit mit einem Schulbibelbild erkannte, »war es doch ganz anders. Christus war nicht in der Menge, sondern ganz *allein*«.

E. selbst fand in dem Erlebnis einen »roten Faden« zu einem früheren eindrucksvollen Traum. Er war damals 17 Jahre und steckte in einer Krise. »Wie der Einsturz von einem Kartenhaus, als ich das vom Vater ehrgeizig geschürte Rennen nicht mehr mitmachte.« Der Traum, den er nie vergessen konnte, war folgender: »Er befand sich mit der Klasse im Musiksaal; es war aber Religionsunterricht. Leichtes Dämmerlicht. Der Lehrer doziert, und plötzlich kommt einer herein. Typ aus der unteren Stadt (Proletarier), etwa 25–30jährig, schäbig, abgerissen, große breite Hände, blondes wirres Haar. Heiseres abgerissenes Sprechen. Bittere Vorwürfe, Anklagen, Beschuldigungen. Alles war wie versteinert. Niemand, auch der Religionslehrer nicht, hat ihn hinausgeworfen. Der Kerl war wie im Recht. Eine scheußliche Gestalt! E. als einziger wollte etwas sagen oder tun. Aber es schnürte ihm die Kehle zu. Er steht auf, sucht nach einem Geldstück in seinen Taschen und schreit. Plötzlich ist der andere weg. E. stürzt ihm nach zum Schulhaus heraus. Draußen ist Nebel und in diesem verschwindet der Mann. Schwärze kommt auf E. zu; er rennt dagegen an und kommt nicht weiter. In furchtbarer Angst kehrt er völlig erschöpft um.«

Einen Monat nach Beginn der psychologischen Arbeit brachte er einen »großen« Traum, der ihm selbst sehr eindrucksvoll war. Er hatte ihn aufgeschrieben, und ich bringe ihn wörtlich: »Es ist in der Nähe unserer früheren Wohnung (E. ist dort mit 14 Jahren ausgezogen). Ich bin mit der Einübung eines Chores auf freiem Feld beschäftigt. Wir singen das bekannte Sommerlied: Geh' aus mein Herz und suche Freud', Text von Paul Gerhardt, welche Melodie ist mir nicht mehr erinnerlich. Chor besteht aus vier Gruppen; ich studiere es ein. Wir wollen das Lied *einstimmig* singen (ausdrücklich!). Jede Gruppe steht für sich gesondert mit einem für die Aufstellung eines Chores völlig unnatürlichen großen Zwischenraum.

Bei der Einübung viel Ärger. Eine Gruppe, mit der ich mich gesondert beschäftige, singt fast gar nicht. Es sind lauter junge Männer. Nur einer singt ordentlich, aber, anscheinend absichtlich, im Takt um einiges verschoben. Sein Gesicht ist zwar deutlich erkennbar, aber in Wirklichkeit noch nie bewußt gesehen, auch die anderen nicht; einer unter ihnen ist rotblond. Die anderen stehen mit unbeweglichen Mienen dabei; ich glaube an passiven Widerstand.

Ich wende mich nun wieder den vier Gruppen zu. Da plötzlich bemerke ich etwas, das mir vorher noch nicht aufgefallen ist: meine *Mutter* steht vor einer der Gruppen, gleichsam wie eine ›Unterchorleiterin‹ – dem Alter nach viel jünger als heute! – und spricht mit den Leuten der Gruppe, lauter Frauen jüngeren Alters.

Ich beziehe meinen Standort, von wo ich die Gruppen deutlich übersehe. Ich rufe und ermahne meine Mutter in der Eigenschaft als Chorleiter (›Hersehen!‹). Sie spricht weiter, hört mich nicht. Die anderen vor mir machen sie bereits aufmerksam auf mich und deuten sogar auf mich. Vergebens.

Andere Gruppen bewegen sich schon vom Fleck und vermengen sich. Ich bin außer mir, koche und platze. Ich schreie, breche ab, ein Donnerwetter folgt.

Widerwillen der anderen; sie gehen nach der nahegelegenen Schule und holen ihre Mappen. Sie gehen schweigend mit mißmutigen Mienen an unserem Haus vorbei. Ich beobachte sie unbemerkt von unserer alten Wohnung aus. (Ich glaube nunmehr ein Kind zu sein??) Meine Mutter ist heimgekehrt. Im Gang findet eine Auseinandersetzung über den Vorfall statt. Wiederholte Vorwürfe (wörtlich!): ›Und da bist du schuld... und da bist du

schuld...!‹ Dabei trete ich vor meine Mutter hin und drohe mit der Hand. Ich bin aber hilflos, dem Weinen nahe!
Meine Mutter, im Aussehen zwar gleich, aber deutliches Gefühl in diesem Moment: sie ist jünger, in Wesen und Charakter aber irgendwie anders als in Wirklichkeit: reservierter, ›leichtsinniger‹, vor allem viel unberührter.

Ich bin zwar aktiv, aber ohnmächtig. ›Was hätten *wir* (Chor) hinbringen können! Du hast alles verdorben.‹

Mein zweiter Bruder schaltet sich ein. Er ist rückhaltlos auf der Seite der Mutter, ohne von dem Vorfall zu wissen. Er polemisiert und nützt meine Ohnmacht aus.

Ich ziehe mich zurück. Die Sache bewegt mich sehr. Ich bedaure tief, daß aus dem Gesang, auf den ich mich so gefreut hatte, nichts geworden ist. Ich hörte schon alles deutlich vor mir, wie schön rein es hätte klingen müssen!

Ich ziehe mich ins Schlafzimmer zurück. Ich wache auf (alles im Traum!). Ich erlebe das Entstehen eines tetanischen Anfalles mit: Atemnot, laut hörbares Keuchen, Weinkrampf... Das Erlebnis geht mir stark nach, große Intensität, Ausstrahlungskraft, Hartnäckigkeit – nicht zu überwinden.

Da laufen ›sie‹ wieder mit ihren verbissenen Mienen, die Mappen unterm Arm, am Haus vorbei – und ich beobachte...

Ich bemerke auf einmal: Ich liege nicht allein in dem großen Schlafzimmer, sondern wir sind zu dritt. Neben mir liegt meine Mutter, schläft fest und unberührt (vergleiche sonst etwa ihr besorgtes Verhalten bei Anfällen!), weiter daneben mein Vater, der wachzuliegen scheint. Er fragt: ›Fehlt dir was?‹ Ich antworte nicht, schnaufe weiter, sehe vor mir ein Bild, ganz deutlich.

Ein *aufgeschlagenes Buch,* von dem ich nur die *hintere* Seite wahrnehme. Es sind Ornamente, viereckig, in Reihen angeordnet, die zweitunterste Reihe besteht – wie merkwürdig! – aus dreieckigen. Das fällt mir als besonders auf. Die Ornamente sind durchbrochen, ähnlich wie Falt- oder Scherenschnitte (vergl. Ausstechformen für Gebäck), aber farbig. Gedämpfte warme Farben (Erinnerung an die Farben in einem Kinderbilderbuch). In diesem Augenblick das Bewußtsein: ein Arzt ist ganz weit weg! Kein Gedanke an Dr. W.

Ich wache auf. Ich weine tatsächlich: ein Drang, der kaum zurückzuhalten ist. Lage im Bett symptomatisch für einen Anfall, von dem ich mich in diesem Augenblick – schwer atmend und in Schweiß gebadet – auch nicht weit entfernt fühle. Reaktion hinterher: nicht ›geschlagen‹ wie nach den wirklichen Anfällen, sondern erregt, Gefühl von etwas *Unerhörtem.* Erstaunen darüber: ›was in mir alles drinsteckt!‹«–

An diesem eindrucksvollen Initialtraum läßt sich besonders gut meine Art der Traumarbeit zeigen, wenn auch dem Patienten gegenüber, noch am Anfang der Behandlung stehend, das Wenigste des nun Folgenden schon ausgesprochen werden durfte. Für den Therapeuten ist ein solcher Traum zu Beginn ein Geschenk: Er vermittelt nicht nur, blitzartig beleuchtet, die ganze innerseelische Situation, sondern auch die zu erwartende gute Prognose.

Einige notwendige Begriffe seien nochmals kurz vorangestellt: Ich arbeite methodisch nach C. G. Jung, mehr im Sinne des Erweiterns. Freuds freie Assoziationen dienen meist einer retrospektiven, das heißt rückschauenden Betrachtung, während im Amplifizieren auch eine prospektive, vorwärtsschauende Seite des Verständnisses enthalten ist. Das kausal Gewordene braucht man zwar als Basis, aber das Vorwärtsweisende dient der Gesundung, bzw. der Entfaltung der Persönlichkeit. Jung unterscheidet in der Traumbetrachtung zwei Ebenen: Die Objektstufe und Subjektstufe. Auf der Objektstufe werden die Traumfiguren als solche konkret genommen; sie wollen dartun, wie etwas von der anderen Seite aussieht, das man bisher bewußt nur von der einen gesehen hat, oder etwas aufzeigen, das bisher noch gar nicht erkannt worden war. Auf der Subjektebene sind die Traumfiguren Abbilder innerseelischer Faktoren und Situationen des Träumers. Jung bezeichnet den Traum als jenes Theater, wo der Träumer Szene, Spieler, Regisseur, Autor, Souffleur, Publikum und Kritiker zugleich ist. Es ist einsichtig, daß auf dieser Ebene der Symbolgehalt eine Rolle spielt, wobei aber das *Symbol* bei Jung selbst *Aussage* ist und nicht einer Verhüllung dient. Wenn wir nun mit diesem Instrumentarium die Fundgrube des geschilderten Traumes ausschöpfen wollen, so muß nochmal betont werden, daß das Erklärende, Verbalisierende hierbei nicht das Wichtigste ist; je mehr man im Bildbereich bleiben kann, desto besser ist es. Es ist die *Art* des *Zuhörens,* die den Patienten, wie in einem Spiegel, seinen eigenen Traum nochmals schauen läßt. Dabei fallen *ihm* dann ergänzende Dinge ein. Man kann den Vorgang fast eine Art gemeinsamer Meditation nennen. Durch ab und zu gestellte Fragen halte ich das »Einfalls-Gespräch« in Gang. Über den Einfall hat sich ja auch Rudolf Steiner geäußert: »Wenn wir irgendwie einen guten Einfall haben, dann ist es der ätherische Leib, der uns, weil er innig zusammenhängt mit dem Äther des Kosmos, anregt zu dem Einfall. Alles was der Mensch an Einfällen, an Genialität entwikkelt im wachenden Zustande, ist aus dem ätherischen Leib, und damit auf dem Umwege aus dem Kosmos. Das Genie spricht mit dem Kosmos, indem der astralische Leib durch den ätherischen Leib angeregt wird.«[2] Natürlich stammt nicht alles, was bei einem solchen Gespräch geäußert wird, aus dieser Weisheitsschicht. Aber beide Beteiligten merken unmittelbar, durch welche Einfälle »ein Licht aufgeht«. Der Therapeut hat mehr Unterscheidungsvermögen und keine subjektive Befangenheit; seine Kunst und Aufgabe ist es, an Motive, die dem Patienten entgehen, solange wieder heranzuführen, bis sie dem Patienten »von selbst einleuchten«.

Obwohl man nun in der Praxis diese beiden Stufen nicht fein säuberlich voneinander trennt, weil man ja zunächst den Einfällen des Patienten folgt, will ich hier zuerst auf der Objektstufe den Traum befragen.

Die frühere Wohnung, das jüngere Aussehen der Mutter, auch der Einfall des Patienten vom Kinderbuch weisen auf die Entstehungszeit der Krankheit hin, und es springt geradezu in die Augen, daß die Mutter das störende Element im Nicht-Zustandekommen des Chores ist. Eine der wichtigsten Krankheitsursachen war ja in diesem Fall die zu enge Bindung an die Mutter, die ihn in ihrer Betulichkeit auf einer infantilen Stufe zurückhielt. Nach Einfällen des Träumers ist auch die Mutter in ihrer Ehe in ihren eigenen Möglichkeiten frustriert worden: »Sie hat selbst gern und gut gesungen, aber das hat in der Ehe bald aufgehört.« Hätte sie ihr eigenes Musizieren weiter gepflegt, wäre für sie weniger das Bedürfnis und für ihn weniger die Gefahr entstanden, daß sie sich übermäßig an den musikalischen Sohn anklammerte und in der Projektion durch ihn *ihre* Wünsche auslebte. Diese Tatsache war natürlich für sie und die ganze Familie getarnt durch ihre übertriebene Fürsorglichkeit – die vordergründig durchaus einsehbar war! – durch seine Kränklichkeit im zweiten und dritten Jahrsiebt.

In den Einfällen zum Traum erinnert sich der Träumer an einen Ausspruch des Vaters: »Leut' wie wir spielen doch nicht Klavier.« Darin kommt nicht nur des Vaters unkünstlerische Art zum Ausdruck, sondern auch sein soziales Minderwertigkeitsgefühl, das ihm selbst nicht erlaubt, eine als unnütz angesehene und den »besseren Ständen« vorbehaltene Betätigung auszuüben. Diese Einstellung wurde auch auf die Familie ausgestrahlt.

In dem Traum ist es dem sonst viel zu braven jungen Mann, der seiner Vorgeschichte nach in der nicht geglückten Freiwerdung des Astralleibs auch die Auflehnungsphase der Pubertät versäumt hatte, gelungen, einen tüchtigen Affektausbruch der Mutter gegenüber zu bekommen, in der *Erkenntnis* ihrer ihn krankmachenden und am Schöpferischen hindernden Art.
Und gleichzeitig merkt er, wie hilflos er bei solchem Tun ist. Hier kommt die kompensatorische Funktion des Traumes in bezug auf das bewußte Leben zum Ausdruck.

Auch die Wahl des Gesangbuchliedes: »Geh' aus mein Herz und suche Freud'« ist etwas Kompensatorisches zu seiner Bewußtseinslage. E. ist ein ernsthafter Protestant, der besonders in der strengen Religionswelt des Alten Testamentes und überhaupt im Religiösen zu Hause ist und auch sonst die Freude wirklich noch suchen muß.

Sein großer Wunsch, den Chor *einstimmig* singen zu lassen, zeigt seine, ihm auch im täglichen Leben bewußte Angst vor spannungsgeladenen Auseinandersetzungen. Obwohl er das Lied als vierstimmigen Chor als schönes musikalisches Erlebnis erinnert, will er *rein* und einstimmig singen lassen. Die Möglichkeiten eines mehrstimmigen Chores, die durch die verschiedenen männlich-weiblichen Gruppen ja gegeben wären, will er gar nicht ausnützen, aus Furcht vor der Dissonanz. In der Realität spielt er auch lieber allein Geige, im Orchester geht ihm seine Stimme zu sehr unter den vielen unter.

Hier geht das Traumverständnis auf der Objekt- und Subjektstufe ineinander über, er muß ja – und er versteht dies auch ohne viele Worte – die »verschiedenen Stimmen im Chor seiner Seele« zum Zusammenklingen bringen.

Er, der im Traum Ich ist, ist Dirigent. Das ist prognostisch gut, denn es zeigt, daß E. bis ins Unbewußte hinein die aktive Mitarbeit, über die am Anfang jeder Therapie gesprochen wird, aufgenommen hat.

Die Gruppe der Frauen, also das Weibliche in ihm, singt nicht nur nicht mit, sondern bildet unter Anführung des Mutterbildes den Hauptstörfaktor. Die weibliche Funktion zeigt sich in ihrer minderwertigen Form: im Schwätzen. Daß er sich mit der Gruppe der jungen Männer in seiner männlichen Seite identifiziert, geht schon aus dem Rotblonden hervor, der ihm auffällt. Sie treiben passiven Widerstand, folgen dem Dirigenten-Ich nicht. Der einzige, der mittut, bleibt nicht »im Takt«. Der Patient als erwachsener junger Mann *ist* nicht »intakt«.

Im zweiten Traumteil, im Schlafzimmer, wird der ganze Zusammenhang seines Krankheitssymptoms, der Tetanie, »ins Bild gebracht«. Auch dies ist vorwiegend auf der Subjektebene zu verstehen, wenn auch der Außenstehende sofort an den Ödipuskomplex denken wird, wenn die Mutter »unberührt« zwischen Mann und Sohn schläft. Der Träumer verstand damals das Unberührtsein in dem Sinne, daß sie während eines Anfalls schlafen konnte, während sie in Wirklichkeit nicht zu schlafen wagte, bis er vom seltenen abendlichen Ausgehen heimgekommen war, was ihn natürlich ständig hemmte. Dem Träumer fällt auf, daß sie schläft. Ihr ist auf der Objektstufe sicher ihre Situation zwischen Mann und Sohn unbewußt, wie dem Träumer selbst. Aber auch auf der Subjektebene zeigt sich: die Mutterfunktion, das Weibliche in E., »schläft unberührt«, während er keucht und leidet, und der »Vater«, der erwachsene Mann *in* ihm, fragen muß: Fehlt dir was? Vom Standpunkt des »Vaters« aus »fehlt« dem erwachsenen Sohn freilich etwas.

Zum Schluß des Traumes, nachdem ihn der Vater, also der erwachsene Mann in ihm, gefragt hat, ob ihm etwas fehle, sieht er die *hintere* Seite eines Buches. Dies darf wohl als Symbol für die unbewußte Seite seines Lebensbuches genommen werden. Mit dem Betrachten dieser unbewußten Seite, die im Kontext seiner Einfälle anknüpft an die Zeit des Beginnes seiner Fehlentwicklung in der Kindheit, ist bereits der Weg zur Heilung eingeschlagen.

Noch ein Wort zur Zahl *Vier,* die im Traum zweimal vorkommt: er bringt den vierstimmigen Chor, obwohl er die Sänger dazu hätte – sie wurden eben auf der Subjektstufe als seine inneren Möglichkeiten gesehen – noch nicht zusammen. Und nun beim Betrachten der »hinteren Seite« seines Lebensbuches fallen ihm auf der zweituntersten Reihe die dreieckigen Ornamente auf, während sonst viereckige in Reihen angeordnet sind.

In seiner Krankengeschichte fällt in besonders durchsichtiger Weise auf, wie seine psychophysische Fehlentwicklung zu Beginn der Jahrsiebte neue Krankheitsmetamorphosen aufweist. Der erste Beginn fällt auf das siebte Lebensjahr. Das zweite Lebensjahrsiebt kann also durchaus der zweituntersten Reihe in seinem Lebensbuch entsprechen. Und da fehlt nun die *irdische Vier!* Die Zahl Vier kennzeichnet die irdische *Ganzheit.* Das ist wohl allen Menschen, zumindest den mitteleuropäischen, mehr oder weniger bewußt: die vier Elemente, die vier Jahreszeiten, die vier Temperamente etc. sprechen davon. In sein zweites Jahrsiebt ist nun die *himmlische* Zahl *Drei* geraten, störend für die Basisbildung dieser *Erden*inkarnation.

Die Randbemerkung vom Arzt, der weit weg ist, weist auf das Alleinsein im ganzen Reifungsprozeß.

Bald nach dem großen Traum sagte E., er habe das Gefühl des Auseinanderklaffens zwischen dem Verharren auf einer früheren Bewußtseinsstufe und einem Älter-Sein, als es seinen Jahren entspreche. Da sah er etwas durchaus Richtiges. Es ist aber etwas ganz anderes, ob der Therapeut dies sieht oder ob der Patient selbst daraufkommt, es sogar aussprechen kann, er also über das dumpfe Fühlen hinaus klar sieht und daraus den Impuls bekommt, selbst dieses Auseinanderklaffende heilend zu überwachsen.

In der Tat besteht ein großer Teil der Psychotherapie in der Nacherziehung infantil gebliebener Teile. Alle Menschen sind nicht in ihrem ganzen Wesen so alt, wie es auf dem Standesamt verzeichnet steht. Sie wirken gesund, wenn sie aus ihrer Ich-Mitte heraus so alt sind, wie sie kalendermäßig sind. Ein wenig Kindhaftigkeit und etwas vorausgenommene Altersweisheit kann den Charme einer Persönlichkeit erhöhen. Wenn aber wesentliche Teile in Infantilsituationen verharren, wie in unserem Falle bei E., wird man kompensatorisch irgendwo anders älter – nicht unbedingt weiser –, als man ist. Eine Ahnung von der harmonischen Mitte hat wohl jeder. Und dieses an anderer Stelle über das Ziel Hinausschießen ist ein mißglückter Selbstheilungsversuch. Sehr häufig sind Neurosen als solche Versuche anzusehen und deshalb auch positiv zu werten.

Die positive Bewertung des Patienten durch den Therapeuten – nicht aus Mitleid oder Tröstenwollen, sondern weil der Therapeut wirklich den eigentlich gemeinten Menschen hinter der verunglückten Fassade *sieht* – ist eine Grundvoraussetzung für seine Hilfestellung. Er muß solange sozusagen die Fahne hochhalten *für* den anderen, bis dieser selbst dazu in der Lage ist. Aber er darf sich nicht mit diesem Einspringen für den anderen begnügen oder gar noch auf seine »Aufopferung« stolz sein. Dann ist nämlich die mit Recht vielbeschrieene Abhängigkeit des Patienten vom Arzt eingetreten. Dies Phänomen ist aber durchaus nicht nur der psychotherapeutischen Behandlung vorbehalten, sondern betrifft auch manche Art von »treuer Anhänglichkeit« an den immer weiter behandelnden Hausarzt. Man muß von Anfang an so führen, daß der Patient, soweit es jeweils möglich ist, sich selbst führt, nämlich in *seine* Mitte führt.

In dem früheren Traum aus der Pubertätskrisenzeit und dem eben erzählten »großen Traum« ist die ganze Problemthematik des Patienten angeschlagen: das Vater-Mutter-Problem in der Realität *und* als innere Auseinandersetzung mit dem Vater-Mutter-Archetypus, bzw. des Männlich-Weiblichen in ihm; die sexuelle und religiöse Problematik und damit im Zusammenhang die Auseinandersetzung mit »dem Bösen«, was von C. G. Jung unter anderem als »dunkler Bruder« oder Schatten angesprochen wird und in der Anthroposophie, wenn von den zwei Kräften des Bösen, Lucifer und Ahriman, gesprochen wird, einen breiten Raum einnimmt.

Ich will nun versuchen, an einigen Träumen, die den jeweiligen Problemkreisen unseres Patienten angehören, Stationen des Weges aufzuzeigen. Es muß aber nochmals betont werden, daß es dabei weniger um die Traumbilder als solche geht, sondern vielmehr um die Erkenntnisdynamik.

Zwei Monate nach Beginn der psychologischen Arbeit, in der Nacht vor dem letzten tetanischen Anfall, hatte E. einen deutlichen Inzesttraum: Er wartete vor der Haustür als kleiner Junge, bis der Vater fortgehe und er dann zur Mutter hinaufgehen könne. Pollution »trotz allen Sträubens«, Angst, Scham, Fortlaufen in den Garten. Beim Aufwachen fiel ihm ein kurz vorher geträumter Traum ein: »Ich fahre mit meinem Koffer im Omnibus, von daheim an den Ort meiner Berufstätigkeit. Die Fahrt geht eben durch ein Dorf. Der Blick fällt zufällig genau in eine alte Kirche und ich entdecke: eine alte geschnitzte Holzplastik steht klotzig auf einem Sockel inmitten der sonst leeren Kirche, ganz zentral (keine Bänke in der Kirche). Ich bin fasziniert, steige sofort mit dem Koffer aus. Ein katholischer Pfarrer schließt auf, läßt mich hinein. Ich bin mit dem Kunstwerk allein. Begeisterung. Ich steige hinauf, setze mich ›hinein‹, umfasse ›es‹, gehe darin irgendwie ›auf‹. Folge: hohes Glücks- und Wohlgefühl« (wörtlich so aufgeschrieben und erzählt). Einfall auf Frage von mir: Die Holzplastik stellt eher Tiere, Ranken, Schlangen dar. – Es handelt sich also nicht, wie in einer Kirche zu erwarten wäre, um ein Mutter-Gottesbild oder ähnliches, sondern um eher heidnische Naturgottheiten, in denen er »aufgeht«, und dieser Traum fällt ihm als vorausgegangen ein bei der Schilderung des Inzestwunschtraumes! In der Welt des Archaisch-Religiösen ist das Erotisch-Sexuelle noch nicht tabu-mäßig getrennt vom Göttlichen wie in der Familie des Patienten. Hier im Traum hat er es gewagt, »hineinzusteigen«. Der Patient überläßt sich ohne Hemmungen einem für ihn neuen Glücksgefühl, indem er aktiv die Plastik besteigt und eins mit ihr wird. Er durchbricht das eng-moralische Tabu seiner Erziehung und bejaht in den Naturgottheiten seine Vitalseite. Am Tag darauf der letzte Anfall! Wir erinnern uns, daß die gehäuften tetanischen Anfälle, die dann zu der Psychotherapie führten, auftraten, als in dem Schulinternat, wo E. tätig war, die sexuellen Vergehen des Heimleiters, der die täglichen Andachten hielt, aufgedeckt wurden. Mit dem Erzählen dieses Traumes ist im emotionalen Bereich des bisher Unbewußten eine Lösung eingetreten. Es kam darauf auch zu keinem Anfall mehr. Aber erkenntnismäßig konnte E. von den religiös-sexuellen Zusammenhängen erst viel später sprechen, so affektgekoppelt mit Schuld- und Angstgefühlen war bei ihm dieser Zusammenhang, der zu seiner Krankheitssymptomatik wesentlich mit geführt hatte. Er erzählte, daß bei ihm Konfirmation, Masturbation und Gang zum Abendmahl (erstes und letztes Mal) zusammengefallen waren.

Das Kapitel Mutter- und Vaterbindung und Anima mußte jedoch zunächst aufgearbeitet werden. Zuvor stichwortartig etwas zu den von C. G. Jung eingeführten Bild-Begriffen von Animus und Anima: Die archetypische Gestalt des Seelenbildes ist beim Mann weiblich, bei der Frau männlich. Es ist, wie bei allen unbewußten Inhalten, zwischen einer inneren und einer äußeren Erscheinungsform von Anima und Animus zu unterscheiden. Der inneren begegnen wir in Träumen und anderen Manifestationen des Unbewußten, der äußeren, wenn ein Mensch des anderen Geschlechtes zum Projektionsträger eines Stückes oder unseres ganzen unbewußten Seelenanteils wird. – Das Sich-nicht-unterscheiden-Können von dem Seelenbild führt beispielsweise beim Mann zu Erscheinungen wie das Beherrschtsein von weiblichen Trieben und Emotionen oder bei der Frau zu der alles besser wissenden, räsonnierenden, eben animus-besessenen Frau. Die erste Trägerin des Seelenbildes ist wohl meist die Mutter, später sind es diejenigen Frauen, welche das Gefühl des Mannes, ob im positiven oder negativen Sinn, erregen. Es soll hier keinem vorgefaßten Konzept gefolgt werden. Das, was durch Träume oder eigene Einfälle, als »rumorende« Probleme oder Fehlhandlungen aus dem Unbewußten auftaucht und ins Bewußtsein integriert werden will, wird jeweils aufgegriffen.

So kam bei E. schon sehr bald die Erkenntnis, daß »das Spiel mit dem Anfall«, wie er sich ausdrückte, eine Flucht zur Mutter war. Das Krankheitssymptom hatte also für E. den unbewußten Zweck, sich an die Mutter klammern zu müssen, zu dürfen. Diese eigene Erkenntnis wurde sofort im nächsten Traum von der Schwester Erna als eine Art von Ersatzmutter unterstrichen und vom Träumer verstanden. Er träumte nämlich, daß er einen tetanischen Anfall gehabt habe und bei Schwester Erna Hilfe suchen wollte. Diese war eine ältere Kinderschwester im Heim und eine Art von Ersatzmutter und hatte ihm tatsächlich öfter Injektionen gemacht. Sie konnte ihm aber in diesem Traum nicht helfen, weil sie selbst einen Anfall hatte. Schwester Erna litt in Wirklichkeit selbst an Tetanie und war darum eine besonders geeignete Person sowohl zur Mutterübertragung wie zur Identifikation mit seiner noch kranken »Anima«.

Dieser Traum bedeutete für E. nun einen wichtigen Mutterablösungsvorgang. Er hatte – wie wir gesehen haben – die Phase der Astralleib-Freiwerdung, zu der die emotionalen Auseinandersetzungen mit dem andern Geschlecht – in Sympathie und Antipathie – gehören, nicht gesund erleben können, weil durch die Mutterbindung seine Anima sozusagen fixiert war und sich nicht altersstufengemäß »von selbst« entwickeln konnte. Zwei Tage nach diesem Traum konnte er erstmals einen drohenden Anfall selbständig bekämpfen und dabei Schule halten ohne Arzt und Medikamente, bis auch dies nach Monaten nicht mehr nötig war.

Dreivierteljahr nach Beginn der Psychotherapie kam dann der *Traum von der Vergiftung durch die Eltern* zur Sprache, den er in den zu Hause verbrachten Weihnachtsferien gehabt hatte. Er lautete:

»Ich bin zu Hause bei den Eltern, auf Bett oder Couch, krank, besorgniserregend. Meine Eltern sind beide bemüht, mich zu vergiften, um mich ›zu erlösen‹. Ich habe mich gesträubt, wollte die Tropfen, die der Vater gab, nicht nehmen. Wußte, daß es Gift war. Aber ich konnte es ›verkraften‹ (er hat sie also doch genommen). Nachts schleppte ich mich heraus auf allen Vieren und zwängte mich zum Fenster hinaus. Unter Aufbietung aller Kräfte – ins Freie. In die Lindenallee.« Einfälle dazu: Früher hat er willig die vom Vater oft gereichte Arznei genommen. Meine Frage: Gift? Das Krankhalten durch die Eltern! Erfreulich ist ihm, daß er »das Loch gefunden hat«. Er ist ins Freie gekommen, in die Lindenallee, dem gleichen Ort, wo der Mann damals in dem Jugendtraum verschwunden ist. Ins Freie wohl – aber noch ins Ungewisse!

E. ist also aus dem Haus der Krankheit aufgebrochen, das Gift zwar noch in sich tragend, aber wissend, daß er es »verkraften« werde!

In diesem Traumbild ist besonders schön sowohl der retrospektive als auch der prospektive Aspekt zu sehen. Die Eltern sind ursächlich beteiligt an E.s Kranksein, das heißt gleichzeitig an seinem Nichtnehmen-Können der Entwicklungsstufen. Die »Arznei« der elterlichen Liebe und Besorgnis wird zum »Gift«. Aber er findet den »Ausweg«, wenn auch nur mühsam und unter Aufbietung aller Kräfte. Hier bleibt es nicht beim Traum*bild:* es wird die auch von Rudolf Steiner betonte Traum*dynamik* erlebt. Dieses innere Wissen, daß er es »verkraften« kann, bedeutet einen realen Kraftzuwachs auf dem Wege der Selbstfindung.

Eine nächste Stufe seiner Erkenntnis war: »Der Anfall ist nun auch kein Ausweg mehr aus der Konfrontation mit Gott.« E. meinte damit, daß der Anfall als Flucht zur Mutter, zu den Menschen hin, dann notwendig würde, wenn er die Einsamkeit in der Konfrontation mit Gott nicht aushalten wolle.

In diesem Zusammenhang äußerte er auch, daß er mit der psychologischen Arbeit weitermachen wolle, obwohl der anfängliche Grund dafür, nämlich die tetanischen Anfälle, nicht mehr dazu zwingen würden. Er meinte, »das Eigentliche« müsse ja noch kommen. Damit drückte er in seiner Sprache aus, daß das, was Jung den Individuationsweg nennt, die Selbst-Findung, noch nicht erfolgt war.

Ein Traum, der seine Auseinandersetzung mit dem Religiös-Konfessionellen beleuchtet, ist der folgende: »Die *Stiftskirche* sollte *gesprengt* werden. Ich stand in der Nähe und wollte fliehen. St. Georg ist der Schutzpatron. Es graute mir sehr. Ich bin durch alle Gassen geflohen. Mit der Kirche stürzt ja viel mehr ein als nur die Kirche. Ich habe dann Zuflucht gesucht in einer anderen Kirche unter den Altstadthäusern. Es war auch eine gotische Kirche, spätgotisch, feingliedriger, spitzig, zersplittert, differenziert. Die hat nicht die gesucht Zuflucht geboten. Ich kam dann zurück. Das Schreckliche war passiert. Die Ruine stand da, zerbrochen. Nur die Grundformen waren sichtbar. Es war ein persönliches Erlebnis und doch waren unpersönliche Kräfte am Werk. Es steht mit der ganzen gegenwärtigen Zeit im Zusammenhang.«

Bei der Besprechung dieses Traumes erzählte E., daß er sich nicht mehr, wie noch im Studium, fremde Gedanken einfach aneignen könne; eine eigene Standortgewinnung sei nötig. Er kam darauf, daß ja die *Grundstruktur* der Kirche – das heißt im übertragenen Sinn das Christliche – erhalten geblieben sei, und nur der Oberbau, also das mehr Konfessionelle, war in seinem Traum zerstört.

Dieser Hinweis des »alten Weisen« (C. G. Jung) beziehungsweise des »Gescheiteren« (R. Steiner) in ihm – solche Träume werden nämlich von dem »Gescheiteren« zur rechten Zeit dargeboten, und man kann sie als Hilfen auf dem Weg annehmen oder nicht – bedeutete für E. tatsächlich eine Hilfe in seiner inneren Auseinandersetzung um seine religiöse Standortgewinnung.

An dieser Stelle möchte ich noch einmal betonen – besonders für Leser, die in der Behandlung selbst mit Träumen arbeiten–, daß man aus all den angeführten Träumen noch vieles herausholen kann, was auch in unserem Fall noch geschehen ist. So führte das Gespür des Patienten für die Tatsache, daß sein Erlebnis über das rein Persönliche hinausging, zu einem Gespräch über die Zeit-Neurose. Der Patient lernt sehen, daß er im aktiven und oft recht schmerzvollen Bearbeiten seiner eigenen Schwierigkeiten und Krankheitszustände nicht nur etwas zu seiner eigenen Heilung beiträgt, sondern auch an der ganzen Zeitproblematik mitarbeitet. Zum Verständlichmachen des Selbstfindungsweges dieses Patienten muß ich die Träume mit besonderer Akzent-Setzung bringen.

Ein wichtiger Einschnitt in E.s Entwicklung ist der *Traum vom Tod des Vaters*. E. war lange gehemmt, ihn aufzuschreiben. Er lautet: »Mein Vater ist bei irgendeinem Unfall außerhalb der Stadt ums Leben gekommen. Er wird gebracht und in unsere Wohnung hereingetragen. Auffallend, daß an seinem Körper keinerlei Verletzungen festzustellen sind. Er blutet aus einer verborgenen Wunde. Seine rechte Hand hat er unter die Jacke geschoben. Sie verkrampft sich um das Herz. Nur ich vermag die Wunde zu erkennen und sehe das viele Blut. – Meine Mutter und meine Brüder hantieren laut und geschäftig um die Leiche herum. Keine Ehrfurcht vor dem Toten. Besonders meine Mutter ist tonangebend. Ihre Stimme ist laut, fast blechern, scharf und befehlend. Selbst die Brüder sind mehr oder weniger untergeordnet. Ich stehe erschüttert, wie gelähmt im Angesicht des Todes meines Vaters und breche hemmungslos in Tränen aus. Ich bin von den anderen wie ausgeschlossen. Nur ich erkenne die eigentliche Bedeutung des Todes. Es ist, als wäre ein unsichtbares, tiefreichendes Band zwischen mir und meinem Vater zerrissen worden. Meine

Mutter und meine Brüder verstehen in ihrer geschäftigen Art meine Haltung überhaupt nicht und fahren mich noch grob an.«

Die Träume vom Vater-Tod bedeuten fast immer eine Ablösung im Sinne des Erwachsener- und Männlicher-Werdens sowohl auf der Objektstufe, was auch hier geschah im Aufbau einer neuen echten Beziehung zum Vater, als auch auf der Subjektstufe. Die Identifikation mit dem Vater, aus der er sich auch lösen mußte, kam schon im Traumbild zum Ausdruck in der vom Träumer beobachteten Geste des Vaters, die Hand aufs Herz zu legen. Diese Geste war mir oft als eine Geste des Patienten aufgefallen.

Interessanterweise geschah der wirkliche Tod des Vaters ein knappes Jahr später in ähnlich dramatischer Art. Der Vater wurde tatsächlich im Wald, vielleicht während eines Verwirrungszustandes oder einer Schwäche, einige Meter vom Weg entfernt, erfroren aufgefunden. Mutter und Brüder haben den in der nächsten Stadt, 12 km entfernt lebenden E. während der ganzen nächtlichen Suchaktion nicht benachrichtigt, ihn von allem ferngehalten, »damit es ihm nicht schade«. Er hat den realen Tod des Vaters nach dieser »Vorarbeit« gut und männlich bestanden und auch das Verhalten der Familie, die ihn immer noch als den »Kleinen, Schonungsbedürftigen« behandelte. Er hat während dieser Zeit der Familienerregung in der Nachbarstadt ein musikalisches Weihnachtsspiel für seine Schulkinder gedichtet und dies dann auch mit Erfolg aufgeführt. Als *Dirigent!* So hat sich der Kreis vom Anfangstraum zum Tod des Vaters in einer merkwürdig dramatischen Art geschlossen.

Ich muß hier noch einmal auf das erwähnte *Anima*-Problem zurückkommen. Es war gerade zu der Zeit, als auch der wichtige Traum vom Vater-Tod war, in der Begegnung mit weiblichen Partnern in eine akute Phase gekommen, was jetzt in der Ablösung von der Mutter möglich geworden war.

Durch E.s Mutterbindung war seine »Anima« sozusagen fixiert gewesen und konnte sich nicht altersstufengemäß »von selbst« entwickeln, wozu auch die emotionale Begegnung mit dem weiblichen Geschlecht in Sympathie und Antipathie gehören. Das mußte er jetzt noch in mehreren Freundschaftsbeziehungen nachholen. Dieses Animaproblem schlug sich auch in einer ganzen Traumserie nieder. Aus diesen Träumen sei noch einer erwähnt: »Ich komme vom Bahnhof bei Nacht. Plötzlich tauchen vor mir bunt und anziehend gekleidete Kindergestalten auf, fröhlich, teils mit Papierlampen. Ich befinde mich an der Stelle, wo vermutlich mein Vater verunglückte, als junge Mädchen über mich herfallen. Sie zerren mich zu Boden und ›vergewaltigen‹ mich trotz heftiger Gegenwehr. Ich bin hilflos und versuche gewaltsam, eine sterile ›Reinheit‹ zu bewahren, die durch dunkle, dämonische Kräfte erbarmungslos in den Schmutz gezogen wird.« In dem Gespräch über diesen Traum empfand E. die so bewahrte »Reinheit« als falsch verstandene Askese. Der Zustand eines »vergeistigten Neutrums« sei etwas Negatives. Wir schmunzelten beide darüber, daß der Traum den Humor aufbrachte, die Stelle, wo er hilflos vom Weiblichen überwältigt wurde, als dieselbe aufzuzeigen, wo sein Vater verunglückte!

In die Zeit zwischen dem Vater-Tod-Traum und dem wirklichen Tod des Vaters, fallen auch mehrere Träume von jugendlichen Verbrechern, von Gerichtsverhandlungen etc. Ein typischer besagt, daß E. in einer Gerichtsverhandlung gegen einen Schüler seiner Klasse diesen, »im Wissen um seine Schuld«, vor vielen Leuten »schlicht und mannhaft« verteidigt hat. Er bittet um Berücksichtigung des kindlichen Schicksals und ein entsprechend mildes Urteil.

Aus dem ganzen Kontext unseres Gespräches ergibt es sich, daß E. *sich* in seiner *dunklen Seite* angenommen hat, bzw. gewillt ist, diesen dunklen Bruder in sich – um mit C. G. Jung zu sprechen – anzunehmen. Um zur Selbstverwirklichung zu gelangen, ist gerade bei Menschen, die sich einseitig mit dem »Guten« identifizieren, anstatt ihm nur nachzustreben, dieser schmerzhafte Akt notwendig. So auch bei ihm. In dem früheren Jugendtraum sieht man diesen dunklen Bruder bereits wie in einer Vorausschau auftauchen; und zwar in beiden Aspekten: dem sozialen und dem persönlichen Selbstverständnis. Der 17jährige konnte das ganze Geschehen in seiner Tragweite, zumal er alleingelassen war, unmöglich verarbeiten. Er lief dem anderen, dem Dunklen, zwar nach; doch dieser verschwand im Nebel und ließ E. in furchtbarer Angst zurück. Daß dies nicht *nur* ein Traumbild war, sieht man daraus, wie diese Angst ihn verfolgte. Das »Annehmen des Schattens« ist ja kein einmaliger Akt, sondern ein prozessuales Geschehen, das jedoch in einer überzeugenden Einsichtsgewinnung und dem Willensentschluß zur Realisierung im täglichen Leben seinen Ausgangspunkt hat. In der hier versuchten Darstellung eines Heilungsverlaufes können die ausgewählten und erzählten Träume, die der Einsichtsgewinnung dienten, ja ohnehin nur so etwas wie Meilensteine sein auf dem Weg der Wandlung und Reifung, die der Patient *erfährt* und die der Leser einfühlend nacherleben kann. Der »innere Weg« findet ja auch nicht im leeren Raum statt, sondern hat seine Entsprechung im täglichen Leben, mit seinen ge- und mißglückten Versuchen, mit Erfolgen und Fehlschlägen im Bereich der Liebe, im Beruf, im ganzen gesellschaftlichen Verhalten. Und auch die Bearbeitung der einzelnen Probleme geschieht nicht geordnet nacheinander, sondern ineinandergreifend. Nur auf diesem Hintergrund möchten diese »Meilensteine« gesehen werden.

Ein nächster wichtiger Meilenstein wird in folgendem Traumbild zwei Jahre nach Therapiebeginn sichtbar: »Kleines Waldsträßchen mit Nebenweg. Am Anfang des Nebenweges links steht eine Bank, auf der ich zu übernachten beabsichtige gegen heftigen Widerstand meiner Mutter und meines Bruders, ganz allein, in der gefährlichen Einsamkeit des nächtlichen Waldes. Ich mache mich schon zum Niederlegen bereit, unberührt von den heftigen Vorhaltungen der beiden Personen, nur mit einer Decke, die ich von meiner Mutter annehme. Schließlich überlasse ich ihr noch mein Geld und meine Brieftasche, damit diese Dinge bei einem eventuellen Überfall Dieben nicht in die Hände fallen sollten. In der hintersten Spalte meiner Brieftasche befinden sich die aufgeschriebenen Träume für meine Psychotherapiestunde, wovon aber meine Mutter nichts weiß. – Nun bleibe ich allein und einsam auf der Bank zurück.«

Er wagt also die Einsamkeit der Nacht mit ihren Gefahren im tiefen Wald des Unbewußten, am Nebenweg! Die Mutter darf zwar noch die Kostbarkeiten hüten, nachdem sie die wärmende Hülle gegeben hat. Er gibt nicht nur den äußeren Besitz, den man zur Sicherung des Lebens hat, aus der Hand, sondern auch die Traumaufzeichnungen als Verbindungsbrücke zu der sozusagen »geistigen Mutter«. Es ist ein anfänglicher Ablösungsvorgang auch von mir.

Nachdem E. sich so mutig dem Dunkel der Nacht und des Waldes, dem Reich des Unbewußten, ausgesetzt hat und an dem anderen vorausgegangenen Traum eingesehen hat, daß in seinem krampfhaften Streben um »sterile Reinheit« auch eine geheime Furcht vor dem Fruchtbarwerden steckte, tat er weitere Schritte in die innere Selbständigkeit. Gleichzeitig war in bezug auf seine Krankheit der Punkt erreicht, wo auch die sogenannten Vorzustände der Anfälle, die er aktiv bekämpfen konnte, nicht mehr auftraten. Er konnte nun mit mir bislang »heiße Eisen« wie die Themen Psychotherapie und Religion anfassen.

Schon fast ein Jahr vorher war das Problem mit dem schon erzählten Traum von der gesprengten Kirche in den Gesichtskreis getreten, ohne daß er bearbeitbar geworden wäre. Man muß sehr behutsam hinhorchen, was »fällig ist« zur Besprechung, auch wenn man als Therapeut schon früher »weiß«, daß das einmal fällig werden wird. Nun kam er mit diesem Thema: »Früher bin ich immer zwischen den Extremen geschwebt, entweder alles kritiklos zu übernehmen oder nur meine eigene Meinung für die einzig richtige zu halten. Religion und Konfession war praktisch eines für mich.« – Jetzt galt es, eine eigene Position zu beziehen zwischen dem klischee-mäßigen Vorurteil seiner Familie gegenüber meiner Weltanschauung, die, wie er wußte, durch die Anthroposophie eine wesentliche Bereicherung und Tingierung erfahren hatte, und seiner eigenen Furcht, nun vielleicht durch mich auf diesem Gebiet beeinflußt zu werden, gerade weil wir uns auf anderen Gebieten, zum Beispiel dem pädagogischen, so gut verstanden. Ob sich die Weltanschauung »ausklammern« lasse? Er wollte doch nun endlich selbständig in seinen Urteilen werden. Auf meine Frage, ob er glaube, daß ihm in dieser Problematik seiner religiösen Entwicklung, die er ja des öfteren als »das Eigentliche«, das Zentrale bezeichnet hatte, ein landeskirchlich orientierter Therapeut hilfreicher wäre, wollte er dezidiert mit mir weiterarbeiten, um »der dynamischen Entwicklung willen«.

Das Aushalten der Dynamik wurde belohnt: Er erlebte wachend, in dem Zustand eines leeren Bewußtseins, ein *Bild,* das ihm einen großen und bleibenden Eindruck machte, das ihm zum numinosen Erlebnis wurde: Ein Mensch aus einem tiefen Abgrund heraus die Hände sehnsüchtig ausstreckend, auf dem Weg nach aufwärts, Stufen vor sich habend. E. identifizierte sich sofort mit diesem Menschen. Ihm entgegen streckt ein Wesen, zu dem die Sonne gehört, hilfreich die Hand aus; die Stufen sind dazwischen. Christus ist dieses göttliche Wesen. Einfall beim Erzählen: »Das Wissen um die Stufen war bisher blockiert. Das ist etwas, was über mich hinausgeht. Das geht die Menschheit an. Die Stufen sind zukunftsweisend. Die liegen noch vor uns!«

Er zeichnete dann das Bild. Es blieb ihm ein tröstlicher Besitz, dieses Erlebnis gehabt zu haben, das von uns beiden als ein Höhepunkt, ein erreichtes Ziel unserer Arbeit empfunden wurde. E. kam danach nur noch in großen Abständen einige Male, um zu berichten. Beim ersten Wiederkommen nach zweieinhalb Monaten brachte er einen schönen Ablösungstraum von mir mit.

»In ihrem großen Wohnzimmer saß Dr. W. am Fenster, Blick nach außen. Ihre Tochter Chr. stand links von ihr, ich rechts. Wir unterhielten uns über sie hinweg. Chr. war der adäquate Gesprächspartner. Dann in der Ecke neben dem Flügel zwei eiserne Betten übereinander. Dr. W. liegt im unteren, alt und weißhaarig. Sie gibt gute Ratschläge; man hört es, nimmt es aber nicht so wichtig.«

Aus unseren gemeinsamen Einfällen dazu: Chr., eine Art jüngere, frischere, mehr partnerhafte Ausgabe von mir. Die gleiche Haarfarbe deutet darauf, daß sie als ihm zugehörig, als innere Figur als Anima gemeint ist, mit der er ins Gespräch kommt. Er spontan: »Aber das In-der-Mitte-Sitzen von Ihnen gehört dazu.« – Im zweiten Teil werde ich in die Ecke versetzt, alt und krank, zum Abtreten reif.

Es bedarf nun kaum mehr der Erwähnung, daß auch die äußere Bewältigung des Lebens in guten Bahnen weiterlief: Eheschließung, Familienvater-Werden, verantwortungsvolle Berufstätigkeit. Daß bis heute nie wieder eine Tetanie auftrat, wurde bereits erwähnt.

Zusammenfassend kann man sagen: Die Gesundung erfolgte durch die Ich-Findung. Zwischen Vater- und Mutterkomplex hindurch fand E. zu einem gesunden Animabild und auch zur Ehepartnerin. Bei ihm war – wie so oft – die Auseinandersetzung mit Sexus und Religion gekoppelt. Da seine Religion weitgehend eine alttestamentliche Gesetzesreligion war, wurde das Annehmen des »dunklen Bruders«, des Bösen natürlich erschwert; bis er das konnte, mußte er seine »sterile Reinheit« bewahren. Das entscheidende Erlebnis war die rettende Hand aus der Sonne und das damit gegebene Wissen von den Stufen, die zu nehmen sind.

Wenn wir uns zum Schluß an sein großes Traumbild des Anfangs erinnern, so schließt sich der Ring, besser der Spiralweg seiner Individuation: Die Mutter stört nicht mehr den Chor, die jungen Frauen sind einbezogen. Der junge Mann hat es nicht mehr nötig, aus dem Takt zu bleiben, der »Vater« muß nicht mehr fragen: Fehlt dir etwas? Es ist ein gesunder, erwachsener Mann geworden, der nicht nur in der Wirklichkeit mit anderen zusammen musizieren und auch dirigieren kann, sondern auch gesellschaftlich integriert, kreativ und selbständig urteilsfähig ist.

III. Ich-Reifung durch imaginative Traumerkenntnis

Im Folgenden soll eingehend die Frage untersucht werden, ob tatsächlich durch *imaginative* Traumerkenntnis innerhalb einer tiefenpsychologischen Therapie eine Ich-Reifung erfolgen kann. Dabei soll zunächst von einem Schema ausgegangen werden, das Rudolf Steiner in seinem Vortrag über Psychoanalyse[1] anzeichnete. Dieser Vortrag wird häufig unvollständig zitiert als nur negative Äußerung Steiners über die Psychotherapie.

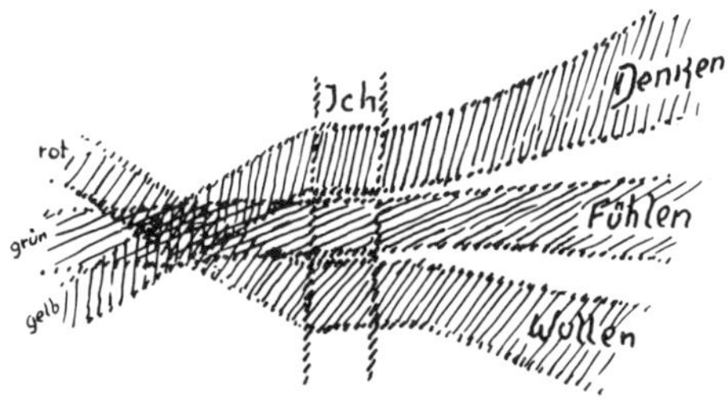

Er erklärt dazu, daß in dem gesunden Ich »Denken, Fühlen und Wollen *nebeneinander*gehalten werden, so daß sie sich gegenseitig beeinflussen in der richtigen Weise, aber nicht das eine in das andere hineinpurzeln kann«. Aber: »es kann der andere Fall eintreten, daß das Ich durch irgend etwas geschwächt wird. Dann wird gewissermaßen die Schwelle nach ... (dieser hier links gezeichneten) Seite überschritten ... und sie purzeln ineinander.« Er fügt dann noch hinzu:

»Das geschieht in den Fällen, die geschildert werden von den Psychoanalytikern als hysterische oder nervöse Fälle.«

Zu uns Ärzten, beziehungsweise Psychotherapeuten kommen also solche hilfesuchenden Menschen. Es ist nicht so, wie man manchmal hört, daß die analytisch Arbeitenden dieses »Ineinanderpurzeln« herbeiführten im Gegensatz zu dem anzustrebenden

Schulungsweg. Wie die Symptomatik auch immer sein mag, ob sie sich nun mehr im Physischen als Herz- oder Magensymptomatik oder unmittelbar im Seelischen als Depression, Angst, Zwang etc. äußert: der Heilungsweg muß über eine Ich-Findung gehen. Und auf einem solchen Weg dient uns – nicht nur, aber wesentlich – auch die Arbeit an den Träumen der Patienten.

Meistens, wenn es um die Indikationsstellung zu einer solchen analytisch-synthetischen Ich-Findungsarbeit geht und gleichzeitig der Patient zu der nötigen aktiven Mitarbeit aufgefordert werden soll, bringe ich diese Aufforderung in einem Bild. Häufig in dem *Bild* einer *Bergbesteigung* (vgl. auch S. 33). Ich sage ihm:

»Wenn Sie sich entschließen wollen zu dieser aktiven Therapie bei mir, so gleicht diese nicht etwa einer passiv erlebten Badekur, sondern eher einer Bergbesteigung. Ich bin zwar der Bergführer, d. h. habe Bergerfahrung und die Technik, wie man über schwierige Stellen hinwegkommt, aber Sie müssen selbst gehen, auch wenn man angeseilt geht, wird man nicht hinaufgezogen. Man muß sich anstrengen und kriegt unter Umständen auch Blasen an den Füßen, etc. Ihr Berg ist auch für mich eine Erstbesteigung. Ob und wie weit wir hinaufkommen, wissen wir beide zunächst noch nicht. Eine Horizonterweiterung und ein Kraftzuwachs sollte wohl herauskommen dabei. Wenn alles gut geht, fallen bei diesem Tun die Symptome ab oder können wenigstens erträglich integriert werden. Wir reden also nicht immer von Ihrer Krankheit!«

Erst wenn der Patient die vorgeschlagene Therapie einige Nächte »beschlafen« hat und sich in freier Entscheidung (so frei man sich eben in seinem Zustand entscheiden kann) zu der »Wanderung« entschließt, wird mit der Behandlung begonnen.

Wir begeben uns also nicht quasi blindlings in das nebulose Durcheinander von Denken, Fühlen und Wollen, in das Gewirr von Wünschen, Trieben, Realitäten, Möglichkeiten, Ängsten, übersteigerten Idealen, Infantilitäten und was immer in diesem »Zusammengepurzelten« sein mag, sondern wir streben ein klares Ziel an: *Ich-Reifung* durch *Selbsterkenntnis*.

Dazu allerdings begeben wir uns beide, beziehungsweise ich zu ihm hin – *er* steckt ja schon drin! – in das *Wasser* des *Unbewußten.* (Ein Patient verglich mich einmal zum Abschluß der Behandlung mit einem Rettungsschwimmer.) Dieses Wasser ist allerdings auch oft *sumpfig* – »Wühlen im Sumpf« wird die analytische Arbeit manchmal abfällig genannt –, aber es gibt auch Quellen dort – Lebensquellen!

Ich muß den Kranken dort abholen, wo er *ist* und kann – abgesehen von den wenigen, die *wegen* der Anthroposophie zu uns kommen – den meisten nicht primär einen, wenn auch auf seine Individualität abgestimmten Schulungsweg anbieten. Manche sind einfach zu krank dazu, und viele befürchten eine Beeinflussung in weltanschaulichem Sinne; denn sie ahnen oder wissen, daß eine *falsche* Beeinflussung ihres schwachen Ichs Mit-Ursache ihrer Symptomatik war.

Die meisten aber haben schon davon gehört, daß der Traum eine via regia ins Unterbewußte sei und daß die Ursachen ihrer Krankheit zum großen Teil eben dort lägen – bewußt hatten sie ja schon vergebens versucht, ihrer Herr zu werden. Die Massenmedien, Zeitschriften einschließlich der Taschenbücher, bringen ja viel zu viel aus dem Gebiet der Psychiatrie, der Neurosen, der Psychoanalyse usw., was in den gebotenen Kurzfassungen bestenfalls Teilwahrheiten, häufiger Verzerrungen vermitteln muß. Das gilt übrigens auch weitgehend für das in wissenschaftlicher Form Gedruckte und Vorgetragene, weil das lebendige, geistig-seelische Geschehen immer schwer in Worte zu fassen ist. Immerhin ist es inzwischen durchgedrungen, daß das Rationale, das Meß- und Wägbare, das Praktisch-Brauchbare nur *eine* Seite ist, die es zu erkennen und zu handhaben gilt. Dadurch wird im Grunde von allen widerspruchslos hingenommen, daß man in therapeutischer Absicht über Träume spricht. Wir nehmen also *Traumbilder* als *Imaginationsmaterial.*

Rudolf Steiner erwähnt des öfteren, daß es bei den Träumen weniger auf deren Inhalt, als auf die Dramatik, die Dynamik ankäme. Der Patient erinnert ja auch fast nur die Träume, die ihn im

Gefühl anrühren, also nicht nur objektive Inhalte. Er steht im Spannungsfeld seiner Traumdynamik. In den seltensten Fällen läuft das Traumgeschehen gleichsam wie ein Filmstreifen vor einem unbeteiligten Zuschauer ab; der Träumer ist irgendwie Mithandelnder, oder er nimmt wenigstens wahr, wie wenig handlungsfähig er in einer bestimmten Situation war. Das hat auch prognostische Bedeutung. Ich lasse mich durch solche Initialträume, wo der Träumer unbeteiligt ist, zur Vorsicht mahnen.

In der Suche nach einem Traumarbeitsbeispiel habe ich einen Patienten, dessen Therapie zwei Jahre gut gelaufen ist und jetzt dem Ende zugeht, gefragt, ob er sich an einen wesentlichen Traum, sozusagen einen Meilenstein auf seinem Weg, erinnere. Er hat spontan den nun folgenden genannt.

Zuvor jedoch muß ich etwas zur Person und Symptomatik des Träumers sagen; denn ich bin der Ansicht, daß es den »Traum an sich« oder gar eine fixierte Symbolik im therapeutischen Bereich nicht geben sollte.

Der Patient ist Akademiker, Assistent und Dozent mit selbständig abzuhaltenden Übungen und Seminaren im philosophischen Bereich, 29 J. alt, seit sieben Jahren verheiratet, ohne Kinder, die Frau im gleichen Beruf tätig; sie kennen sich seit dem 15. Lebensjahr, und die Ehe ist aus einer Kinder-Ferien-Bekanntschaft entstanden. Ein Kollege bat mich, ihn wegen einer schweren Depression sofort, außer der Reihe, in Behandlung zu nehmen, weil er in gefährdetem Zustand sei. Ich nenne ihn in der Folge M.

Physisch ist er kerngesund, schlank-muskulös, gut aussehend, männlich wirkend. Aus der Anamnese: mit 6–7 J. Asthma, mit 13 J. Suicid-Versuch mit Gas (die ältere Schwester drehte den Hauptgashahn ab, als sie es merkte). Beim ersten Geschlechtsverkehr, beide noch Studenten in unteren Semestern, wurde ein Kind gezeugt (sie waren beide sehr dürftig aufgeklärt), das auf Rat ihrer Eltern weggenommen wurde. M.s Vater war wiederholt schwer depressiv, das erste Mal, als der Patient 13 J. alt war. Er mußte immer geschont werden, und jetzt bestand natürlich die Frage, ob es sich bei M. um eine endogene Depression handelte. Dies konnte differentialdiagnostisch verneint werden, je länger, desto sicherer. Es bleibt noch zu erwähnen, daß M. und seine Frau starke Raucher waren; er rauchte zeitweilig pro Tag 50 bis 60 Zigaretten in trotzig selbstmörderischer Absicht, beziehungsweise gleichsam mit der Herausforderung: wie lang werde ich das aushalten? Er wollte trotz Mißtrauen und Angst die tiefenpsychologische Arbeit aufnehmen, »um vielleicht doch den Mut zum Leben oder zum Sterben zu finden«, jetzt fehle ihm dieser zum Suicid. Alles sei *sinnlos!* Auf keinen Fall wollte er Kinder, trotz des starken Kinderwunschs seiner Frau, damit er diesen nicht antäte, »leben zu müssen«, was sein Vater ihm »angetan« hätte. Er liebe seine Frau, aber die Intimehe habe fast ganz aufgehört. In seinen Beziehungen zu Frauen sei sowieso der Wurm drin.

Dieser kleine Ausschnitt aus der *bewußten Problematik* des Patienten, den dieser in seiner depressiven Gehemmtheit nur allmählich und stockend vorbrachte, sei dem nun zu erzählenden Traum vorausgeschickt, den M. nach der 25. Sitzung hatte. Der Kontakt zwischen Therapeut und Patient war schon einigermaßen gut, und es war bereits abzusehen, daß ein klinischer Aufenthalt vermieden werden konnte und er den Mindest-Anforderungen seines Berufes nachkommen konnte, wenn auch nur im mehr äußeren Bereich, nicht im Kreativen.

Traum:

»Ich war in einer mir unbekannten französischen Stadt und sollte in der Nähe unseres Quartiers die Straße kehren. Meine Frau (oder meine Schwester), die in der Nähe war, wurde von einem jungen Mann angepöbelt, worauf ich den jungen Mann, der – mich sehend – davonlief, verfolgte. Ich kam in eine unbekannte Gegend und fand auf der Suche nach dem rechten Weg eine überdachte Treppe, die ich emporstieg und an deren Ende rechts eine Klosteranlage war. Man war jetzt weit über der Stadt mit schönem Blick über die Dächer. Inzwischen hatte es heftig zu regnen begonnen, trotzdem nahm ich den Weg von der Treppe aus links auf dem Berg entlang. Nach einiger Zeit fand ich eine kleine Kapelle, ähnlich einem kleinen griechischen Tempel, die von innen her beleuchtet war, wie von sehr vielen Kerzen. Im Hintergrund, relativ weit weg, erblickte ich Hochhäuser und schloß daraus, daß mich dieser Weg nicht nach Hause führen würde. Deshalb kehrte ich um, ging zurück bis zum Kloster, dann die Treppe hinab und fand in der Seitenwand der überdachten Treppe eine Reliefkarte, die mir zeigte, daß der ›Klosterberg‹ sich wie ein Tafelberg in die Stadt hineinschob, zugleich aber auch, in welche Richtung ich gehen muß. In dieser Richtung, unten angelangt, traf ich meine Schwester, die mich gesucht hatte und die vom heftigen Regen völlig durchnäßt war. Das Haar hing ihr in langen, nassen Strähnen ins Gesicht.«

Dieser Traum stand im Mittelpunkt unserer Betrachtung, nachdem er eine Nacht zuvor geträumt worden war. Die langen umständlichen Präliminarien, in die sich der Patient verlor, als er ihn erzählen *wollte*, ließen mich schon vermuten, daß er für ihn bedeutsam war. Er hatte ihn auch nicht, wie sonst üblich, aufgeschrieben mitgebracht. Der Traum wird natürlich, auch wenn er aufgeschrieben ist, nicht vorgelesen oder gar rasch still gelesen, sondern so lebendig wie möglich erzählt. Dabei versprach sich der Patient und sagte anstatt »Tafelberg«: *»Sargberg«*, was ihn selbst stutzig machte.

Bei der Traumarbeit versenken wir uns in das lebendige bildhafte *Geschehen.* Wir versuchen, nicht gleich zu deuten und zu erklären, sondern konzentrieren uns auf das, was sich da vor uns ausbreitet, wie die Kinder auf ein Märchen. Und dann sammeln wir gleichsam alle Gedanken, Gefühle, Empfindungen, die sich daran entzünden und ordnen sie. Ich darf dabei möglichst nicht zu früh mit eigenen Einfällen kommen, sondern höchstens durch ein fragend hingeworfenes Wort das Interesse des Patienten wachhalten.

Frankreich ist M. an sich ein fremdes Land; er kennt nur die Camargue: an Pfingsten schönen besonnten Strand, herrliche Landschaft, dieselbe im Herbst als »Müllhalde« durch Camping-Leute. Das Kehren der Straße, Saubermachen, Ordnung machen ist ihm ein Bild auch für die tiefenpsychologische Arbeit. Und dann muß er ein *weibliches* Wesen vor einem *männlichen* Wesen schützen, und beim Verfolgen des störenden Männlichen gerät er in unbekannte Gegenden, wo er den *Weg suchen* muß.

An dem Wort *Sarg*, das ihm unbeabsichtigt entfahren ist, bleibt er hängen. Er erinnert sich an das Begräbnis eines Schulkameraden, der sich mit fünfzehn Jahren erhängt hatte. Die abstrakten, abgegriffenen unglaubwürdigen Worte des Pfarrers hatten ihn damals verärgert. Sie hatten keineswegs tröstlich gewirkt. Das zweite Begräbnis, das er erinnert, war das seines Schwiegervaters, da war »eine Friedhofs-*Kapelle* dabei«. Die ganzen Beerdigungsformen sind für ihn ein »Popanz«. Während er dann von dem *Grat*weg spricht, auf dem er sich befände und seinen Weg suche, setzt er versonnen hinzu, warum ihm auch nur der Gedanke, die erleuchtete Kapelle näher zu besehen, nicht gekommen sei. Zum Sarg zurück plötzlich ein *Ausbruch:* auf einem *Sarg* möchte ich am liebsten herumtrampeln.

Bei dem in diesem Zusammenhang merkwürdigen Ausdruck »Herumtrampeln« fiel mir etwas ein, das ich aber in diesem Augenblick nicht zur Sprache brachte. Es war ein traumatisches Kindheits-Erlebnis aus der Biographie des Träumers – es war in der Zeit vor dem Asthma, vor dem Schulbeginn – da *trampelte* der Vater in einem Wutanfall auf seinem liebsten Spielzeugpferd herum. Er *tötete* also etwas, auch in der Seele des Kindes, und es paßte wohl zu dem Thema Sarg und Tod und meldete sich nun, ganz anders als M. es in seinem Bewußtsein hatte, auf dramatische Weise.

In dieser Sitzung wurde nicht mehr viel besprochen. Es war relativ tröstlich, daß er die Schwester, zwar beide regennaß, wiederfand.

Die nächste Stunde wird auf 3 Tage später festgesetzt. Er sollte in der Zwischenzeit das Traumgeschehen weiter meditativ bewegen.

Am selben Tag frühmorgens erfolgte eine *Absage* durch die Ehefrau; ich ermuntere sie, eventuell mitzukommen – sie wohnen auswärts, 20 Minuten Autofahrt. Dann sind beide da.

Er erklärt: »Ich will aufhören! In der Betrachtung meines Innern wird aus gelb nicht rot. Alles bleibt sinnlos!« – Und zum Schluß wird herausgearbeitet, daß er *fürchte,* durch die Therapie *Lebensfreude* zu gewinnen, und wenn sich dann herausstellte, daß er bald sterben müsse, zum Beispiel an einem Krebs, dann sei das viel schlimmer, als aus einem depressiven Leben zu scheiden, was doch sein Wunsch wäre. Der Krankheitsgewinn seiner Depression war also ein »protrahiertes Sterben«, was er ja in trotzig spielerischer Weise schon mit dem Rauchen der 60 Zigaretten heraufbeschwören wollte. (Heute raucht er nicht mehr.)

Und dann gab er, der bewußt immer das Leben ablehnte, zu, *Todesangst* zu haben, gab zu, daß seine Lebensangst eigentlich Todesangst sei, was in der letzten Sitzung und der meditativen Betrachtung des »Sargberges« herausgekommen sei.

Er entschloß sich dann, durch den endlich gewagten Widerstand hindurch, weiter zu arbeiten und kommt, wieder allein, in die nächste Stunde zehn Minuten zu spät, weil er den verhängnisvollen Traum noch in letzter Minute habe aufschreiben müssen. Man sieht: Die Traum-*Dramatik,* von der Rudolf Steiner oft spricht, dehnt sich weit über das eigentliche Traumgeschehen hinaus aus. Nun in neuer Bereitschaft zur Selbsterkenntnis, auch wenn sie schmerzlich ist, erzählt er, daß er in der Nacht vor der letzten, abgesagten Sitzung in der Wohnung herumgelaufen sei und schlafwandelnd den Kopf an die Wand geschlagen habe. Er soll, wie ihm seine Frau berichtet habe, dazu gesagt haben, daß er *sie* suche, aber es käme ja immer nur die Wand. So erfahre ich – in der 28. Sitzung! – das für ihn beschämende Symptom des Mondwandelns, was immer mal wieder vorkomme. (Es ist seither nicht mehr aufgetreten.) Wir erkennen das An-die-Wand-Stoßen als ein agiertes Bild seiner *Suche* nach der *Frau*, auch nach dem Weiblichen in ihm, seiner *Anima.*

Daraufhin können wir auch seinen Traum, der das alles ins Rollen gebracht hat, noch einmal vertiefter betrachten, etwa im Sinne der sogenannten Subjektebene C. G. Jungs (vgl. S. 27), wobei alle Figuren des Traumes als personifizierte Züge der Persönlichkeit des Träumers angesehen werden.

M. hat sich in seinem ihm fremden Seelenland, das nach seinen

Einfällen ein schönes Land sein könnte, wäre es nicht durch die Menschen in eine Müllhalde verwandelt worden, ans Kehren gemacht, also ans Saubermachen, um Bewußtseinsklarheit hineinzubringen. Dabei hat er gemerkt, wie ein weibliches Wesen, seine unbewußte, weibliche Seite im Bilde der Schwester-Frau gesehen, von einem – seinem! noch jungen, ungehörig sich gebärdenden Männlichen belästigt wird. Sein *Ich,* die Figur, die im Traume als »Ich« auftritt, verfolgt diese, seine unreife Seite und kommt dabei auf einen Gratweg und verliert zunächst die Richtung. (Das entspricht genau seiner gegenwärtigen Situation). Sein Ich ist aber *noch* nicht imstande, »die von innen erleuchtete Kapelle« – ein Bild des religiösen Bereiches in ihm, der ja tatsächlich bei ihm verschüttet war – näher zu besehen. In seinem versonnenen Hinzusetzen, warum ihm der Gedanke, die erleuchtete Kapelle näher zu besehen, nicht gekommen sei, meldet sich schon ein Richtungweisendes, das später aufgenommen wurde. Jetzt aber schlägt das »Himmelswasser des Unbewußten«, der Regen, noch über ihm zusammen und macht auch seine Animagestalt strähnig und unschön. Aber er findet doch den Weg zu ihr. Der Traum zeigt noch manche prospektive Seiten, die wir jetzt im einzelnen nicht untersuchen wollen.

Vierzehn Tage danach habe ich notiert: es geht alles besser! Er hatte noch ein kurzes Traumbild von einer Brücke, deren Bau – wie er wußte – doch kürzlich erst begonnen worden war und die nun zu seiner Überraschung schon stand. Das hat ihn ermutigt und zu dem Ausspruch veranlaßt: Es scheint, daß es mir zu neuen Ufern gelingt! Und so war es auch: sowohl in bezug auf seine Arbeitsfähigkeit wie auf der innerseelischen Ebene hatte es einen Ruck nach vorwärts gegeben.

So reizvoll es auch wäre, den Heilungsverlauf weiter zu verfolgen, brechen wir hier ab. Es war in unserem Zusammenhang ja nur aufzuzeigen, wie eine solche meditative Traumbetrachtung zu einem *Meilenstein* auf dem Weg der *Ich-Reifung* werden kann, an den sich der Träumer heute noch als einen solchen erinnert. Wir haben dabei die Traumbetrachtung eingeschränkt auf die Problematik der Lebens- und Todesangst und auf die Richtung zur Anima-Findung, das heißt zur *Ganzwerdung*.

Es ergeben sich nun zwei Fragen, nämlich, ob es von mir nicht sehr überheblich ist, von *imaginativer* Traumerkenntnis auf dem Wege zur Ich-Reifung zu sprechen; und zum anderen, ob ich nicht die *Weisheit* der Träume und damit ihren Erkenntniswert überschätze?

Ehe ich mich dem Begriff der Imagination nähere, ist darauf hinzuweisen, daß man den Schulungsweg, den ein Anthroposoph zu gehen versucht und der nach Steiner ein Initiationsweg ist, nicht verwechseln darf mit dem Ich-Findungsweg, den ein Therapeut mit seinem Patienten geht. Die Gefahr liegt nahe, weil tatsächlich gewisse Ähnlichkeiten bestehen. Der Ausgangspunkt ist jedoch jeweils ein grundsätzlich verschiedener. Der Schulungsweg wird von gesunden Menschen gesucht und mit mehr oder weniger Erfolg beschritten. Zum Arzt kommen Menschen in Not, die Hilfe für ihre jeweilige Symptomatik suchen, und er geht mit ihnen, wie ich bereits anfangs beschrieben habe, ihren individuellen Ich-Findungsweg.

Ein Anthroposoph bringt, zumindest aus dem Studium der anthroposophischen Literatur, bestimmte Vorstellungen von Imaginationen mit und weiß, daß die imaginative Erkenntnis eine Stufe auf dem anzustrebenden Einweihungsweg ist. Er bejaht diese Weltanschauung, zu der er schicksalsmäßig geführt worden ist. Der Patient dagegen will gesund werden und vertraut seinem Arzt; er ist häufig in irgendeiner Weise weltanschauungsgeschädigt (wir sprechen manchmal von ecclesiogenen Neurosen). Er bringt üblicherweise keine Begriffe von Imaginationen mit und in der Selbsterkenntnisarbeit mit ihm wird auch nicht von Imagination gesprochen. Das soll hier ausdrücklich betont werden.

Ich will nun im folgenden eine Gegenüberstellung versuchen und dazu eine Stelle aus dem kleinen Buch von Rudolf Steiner heranziehen, das »Die Stufen der höheren Erkenntnis« heißt und zuerst in der Zeitschrift »Lucifer-Gnosis« erschienen ist.[2]

Steiner unterscheidet da vier Stufen:

1. die materielle Erkenntnis
2. die imaginative Erkenntnis
3. die inspirierte Erkenntnis
4. die intuitive Erkenntnis

Beim gewöhnlichen Erkennen kommen vier Elemente in Betracht:

1. der Gegenstand, welcher auf die Sinne einen Eindruck macht;
2. das Bild, das sich der Mensch von diesem Gegenstand macht;
3. der Begriff, durch den der Mensch zu einer geistigen Erfassung einer Sache oder eines Vorgangs kommt;
4. das Ich, welches sich aufgrund des Eindruckes vom Gegenstand Bild und Begriff bildet.

Ich kann hier nicht das Ganze referieren, nur so viel, daß Rudolf Steiner nun zuordnet, und zwar:

zur materiellen Erkenntnis alle vier »Elemente«: Gegenstand, Bild, Begriff und Ich;

zur imaginativen Erkenntnis: Bild, Begriff und Ich (der Gegenstand fällt weg);

zur inspirierten Erkenntnis: Begriff und Ich (Bild fällt weg);

Uns interessieren hier die »Elemente« der *imaginativen Erkenntnis,* bei der die Eindrücke der Sinne wegfallen. Im Traum fallen die Sinneseindrücke auch weg. Man ist also per definitionem versucht, die Traumerkenntnis unter Nummer zwei einzureihen. Aber so einfach darf man es sich nicht machen. Zudem spricht Rudolf Steiner in *dieser* Schrift gar nicht vom Traum. Einschlägige Zitate vom Traum sollen später folgen.

Es ist also klar, daß wir diese hier gemeinte und auf bewußt gegangenem Stufenweg erreichbare imaginative Erkenntnis nicht unserer imaginativen Traumerkenntnis gleichsetzen dürfen. Dennoch liegen Vergleichsmerkmale vor, die es jetzt näher anzuschauen gilt.

Unsere Frage lautet demnach: Wie sieht es mit »Bild, Begriff und Ich« im Traum und in der Arbeit am Traum aus? Ohne Zweifel liegt im Traum eine *Bilderwelt* vor, und auch für sie gilt, was Steiner in der erwähnten Schrift von der Imagination sagt: »Die Bilder sind so lebhaft und wahr wie die Sinnesbilder, nur kommen sie nicht vom Materiellen, sondern vom Seelischen und Geistigen. Die Sinne bleiben dabei untätig.«[3] Und man erlebt auch, daß diese Bilderwelt wie bei der Imagination eine wirkliche ist. *Wirklich* nach zwei Seiten hin: der Traum als Überrest des alten Bilderbewußtseins aus frühesten Phasen der Menschheits- und Erdenentwicklung, aber durch die Anwesenheit des Ich im gegenwärtigen Menschen ein verändertes Bilderbewußtsein; andererseits ist wirklich, was wirkt. Die aus der Arbeit an den Träumen gewonnene Erkenntnis muß oder sollte wenigstens bis ins äußere Leben hineinwirken und das Ich kräftigen. Bei meinem Beispiel konnte man ein wenig davon wahrnehmen.

Das was zum *Begriff* gehört, »durch den der Mensch zu einer geistigen Erfassung einer Sache oder eines Vorgangs kommt«, liegt natürlich nicht im Traum als solchem. Aber die gemeinsame meditative Arbeit an dem Traum hat diese *geistige Erfassung* zum *Ziel.*

Und das *Ich*, das schon im Traumgeschehen aktiv ist, wird durch die Erkenntnisarbeit kraftmäßig gesteigert.

Insofern sind »Bild, Begriff und Ich« auch im therapeutischen Gespräch im Spiel wie bei der von Rudolf Steiner aufgezeigten Stufe der Imagination, und man kann in *diesem* Sinne auch das Wort imaginativ benutzen. Selbstverständlich handelt es sich nicht um Imaginationen mit »freischwebenden Vorstellungen« wie im Schulungsweg. Wir nehmen als Bildmaterial die vom Träumer erlebten Traumgeschehnisse. Trotzdem erlebt der Patient etwas von dem, was Rudolf Steiner folgendermaßen beschreibt: »In der imaginativen Welt spricht alles so zum Menschen, wie wenn es unmittelbar intelligent wäre, während in der physischen Welt auch die Intelligenz nur auf dem Umwege durch die physische Körperlichkeit sich offenbaren kann.« Auch der Patient kommt in geistige Bereiche hinein und bleibt nicht im Emotionalen allein stecken. In den allermeisten Fällen, besonders in der ersten Zeit der Behandlung und bei schweren Neurosen, die man mit reiner Gesprächstherapie nicht erreicht, wäre es falsch, dem Patienten Imaginationen von außen anzubieten. Zuerst muß er *seine* Ängste, sein Versagen, seinen »Schatten« kennenlernen, wie ja auch gemäß Rudolf Steiner der Doppelgänger als Hüter an der Schwelle zur übersinnlichen Welt steht, um unreifes Überschreiten zu verhüten. Unser therapeutisches Ziel ist die Ich-Reifung. Die eigenen Traumbilder, die erlebte Traumdramatik liefern das beste Material, das wir zur Selbsterkenntnis brauchen. Aus dem Unbewußten steigen die relativ bewußtseinsnahen und daher zur bewußten Verarbeitung geeigneten Bilder auf. Die Bezeichnung Traumerkenntnis soll nicht mißverstanden werde. Es handelt sich hier ja nicht um ein passives Geschehen der Art, daß einem sozusagen »der Herr im Schlaf« die Selbsterkenntnis liefert. Sie muß erarbeitet werden.

In der so gestalteten Therapie durch Traumarbeit geschieht es häufig, daß im Anschluß an solche Ich-Erweiterungs-Erlebnisse vom Patienten Gespräche über die geistige Welt begonnen werden. Sie sind eine *Folge* des *Erlebten* und werden nicht von mir methodisch in die Behandlung eingebaut. Ich freue mich aber, wenn aus verhärteten, meist früh in Ideologien festgefahrenen oder in Wissenschaftsgläubigkeit befangenen Menschen *Fragende* werden. Übrigens hat Steiner sehr häufig imaginativ gleich bildhaft benützt (s. auch S. 73).

Nun noch zur zweiten der aufgeworfenen Fragen, nämlich der nach der eventuellen Überschätzung des Erkenntniswertes der Traumarbeit, mit anderen Worten: der Frage nach der *Weisheit*, die aus den Träumen sprechen kann. Ich möchte diese Frage mit einem Zitat Rudolf Steiners beantworten:

»Das tagwache Bewußtseinsleben, in dem sich unsere gescheiten Vorstellungen tummeln, das von allen Pedanten so hochgeschätzt wird, liegt im Grunde genommen recht weit ab von alldem, was in der Welt webt und west als Grundlage für das Dasein. Der Mensch nähert sich in einer gewissen Beziehung schon mehr dem, was webt und west unter der Oberfläche dieses Daseins, wenn er – man muß das nur nicht mißverstehen – aus seinem *Unterbewußtsein,* wenn auch noch so chaotisch, wenn auch noch so sporadisch, *sinnvolle Träume* heraufkommen fühlt und *schaut.* Ich habe es öfter ausgeführt im vorigen Jahre: auf den Inhalt der Träume kommt es wenig an, aber auf die innere Dramatik der Träume, auf den Zusammenhang des Traumlebens mit der tieferen menschlichen *Wirklichkeit* kommt es an.«[4]

Aus meiner Sammlung von Exzerpten über den Traum bei Rudolf Steiner greife ich eine zweite Stelle heraus:[5]

»Wenn wir den Traum von einem besonderen Gesichtspunkt aus studieren, wird er ein merkwürdiger Verräter geheimer Seiten unseres Menschenwesens. Beobachten Sie nur, wie Sie manchmal einem Menschen im Leben gegenüberstehen ... nun, aus den Rücksichten des Lebens heraus. Sie gestatten sich nicht, Ihre ganze volle Innerlichkeit in dieses Urteil einfließen zu lassen...

Im Schlafesleben passiert Ihnen zuweilen aber das Folgende: Sie sehen sich diesem Menschen gegenüber und fangen an, ihn tüchtig durchzuprügeln, was von dem Urteil abweicht, das Sie im wachen Tagesleben ausgebildet haben, was Sie aber hinweist auf tiefer in Ihnen liegende Sympathien und Antipathien, die Sie sich im wachen Tagesleben nicht gestatten und die der Traum im Bilde vor Ihre Seele zaubert.

Also etwas, was der Mensch sich nicht gesteht im wachen Tagesleben, was er aber in sich trägt, das wird in bildhafter Weise durch unterbewußte Imagination durch das Traumerleben vor die Seele hingestellt.«

Ich würde sogar sagen: Was der Mensch sich nicht nur nicht gesteht, sondern im Wachbewußtsein wirklich nicht weiß.

Rudolf Steiner weiter: »Würde man auf der andern Seite auf manches, was im wachen Tagesleben an Verstimmungen ..., die aus den Erscheinungen des Lebens heraus unverständlich sind, eingehen, so würde man finden«, daß dies mit den (meist vergessenen) Träumen zusammenhängt. »Ins Unbewußte ... schiebt sich dasjenige hinein, was vom Einschlafen bis zum Aufwachen erlebt wird und was der Traum enthüllen kann. Man kann überhaupt das Leben in seiner Totalität nicht verstehen, wenn man diese andere Seite des Lebens, die zwischen dem Einschlafen und Aufwachen verläuft, nicht in exakter Weise in Rechnung zieht.«

Aus dieser »anderen Seite des Lebens«, der unbewußten, kommen nicht nur sonst unverständliche Verstimmungen, sondern eben auch die neurotische Symptomatik, und so sollte es nicht verwunderlich sein, wenn wir sie – auch in der Traumarbeit – »in exakter Weise in Rechnung ziehen«.

Wie ich schon anfangs betonte, sollte man im Therapeutischen die Träume immer nur im Zusammenhang mit der Biographie und der gegenwärtigen Lebenssituation des Träumers sehen. Dennoch lassen sich die Träume im allgemeinen in eine gewisse Ordnung bringen, und ich möchte mich hierbei auf einen Aufsatz von Dr. Karl König über »Das Land der Träume« beziehen, der in »Den Kommenden« 1967 erschienen ist.

König zitierte darin die Einteilung der Träume von Ernst Aeppli, die mir ganz brauchbar erscheint, nämlich

kleine, sogenannte Alltagsträume,
bedeutsame Träume und
große Träume.

König sagt: Die *kleinen* Träume nehmen ihre Materialien aus den Erfahrungen des Alltagslebens. Die *großen* haben rein geistigen Charakter; ihre Substanz fließt von den Quellen des Geistes in den Schoß des Traumes. Die *bedeutsamen* ziehen ihren Gehalt aus beiden: der Sinneswelt so gut wie aus der Welt des Geistes, und er zitiert zu den großen Träumen Aeppli... »Was der Großtraum schaut, ist oft von einer erstaunlichen Schönheit, gemahnend an ganz große Dichtung, oft aber auch von einer furchtbaren Düsternis, hineinführend in dunkelstes Lebenschaos.«

Ich möchte hinzufügen: Es ist erstaunlich, was für weitreichende Erkenntnis-Anstöße oft durch die banal erscheinenden *Alltagsträume* gegeben werden, wenn man sie ernst genug nimmt und meditativ betrachtet.

Am ergiebigsten sind die *bedeutsamen*. Ich möchte das von mir erzählte Traum-Beispiel vom »Sargberg« dazu rechnen, worüber man ja noch vieles hätte sagen können.

Die *großen Träume* sind naturgemäß selten, und der Träumer erinnert sich ein Leben lang an sie, auch wenn er nichts von Traumarbeit weiß.

Als Beispiel eines Traumes, in den die Welt des Geistes auch hineinwirkte und den man wohl im wesentlichen zu den »großen« zählen darf, möchte ich noch den Traum eines 45jährigen Patienten anführen. Er ist Uhrmacher- und Optikermeister und erfolgreicher Geschäftsmann, gezwungenermaßen, denn er hätte lieber studiert und hätte auch die Begabung dazu gehabt. Er kam wegen sogenannter Bindungsangst in meine Behandlung. Er konnte keine tragfähige Beziehung zum anderen Geschlecht aufbauen, obwohl er bewußt seit Jahren heiraten und eine Familie gründen wollte. Nachdem er etwa zwei Jahre mit einer 35jährigen Frau befreundet war, die ihn liebte, geriet er in eine Entscheidungsneurose. Hier nun der Traum: »Wir sind in einer Art mittelalterlichem Laboratorium, etwa vier bis fünf Personen. Der Physiker (Alchimist oder so etwas ähnliches) ist völlig außer Fassung. *Sein Kompaß* oder was das auch immer ist, ein etwa anderthalb Meter langer eiserner Klöppel, ähnlich einem Glockenklöppel, der mit seinem Schwerpunkt in einer Art kardanischer Aufhängung hängt, vollführt die tollsten Kapriolen, das heißt, er schwingt in starken, abrupten Bewegungen, die uns völlig unerklärlich sind. Wir beobachten erstaunt das unheimliche Phänomen; überaus starke Kräfte müssen das Ding immer wieder aus dem Gleichgewicht bringen.

Die andern sind schon weggegangen. Ich bringe den langen *Zeiger* eines etwa vier Meter großen Zifferblattes wieder auf der Achse an. Dabei habe ich die Wahl zwischen drei bis vier weiteren Zeigern, die neben der Uhr an der Wand lehnen und mit Beschriftungen in einer uralten Sprache versehen sind. Auch dieser Zeiger weist, nachdem er endlich befestigt ist, nach links oben, wie vorher der ›Kompaß‹.

Später – ich bin auf dem Heimweg im Freien. Einige Schritte vor mir kauert eine (meine?) *Frau* mit einem Kind. Und da sehe ich *Sie!* rechts von mir auf der anderen Seite der Straße. Ein düsterer, gleißender Glanz, der aber sehr stark und blendend ist, geht von ihr aus. Es ist eine vollerwachsene, etwa 30 bis 35jährige weibliche Gestalt, von der ich viel mehr spüre als sehe.

›*Hexe!*‹ schreie ich und renne weg von ihr, zerre die Frau und das Kind mit mir fort. Von *Ihr* geht eine übermenschliche, starke Anziehungskraft, eine geradezu kosmische Bannkraft aus. Ich renne von ihr weg und spreche mir religiöse christliche Formeln gewissermaßen als Bannsprüche vor. Von der Erscheinung geht eine widergöttliche, an die Wurzeln gehende *Bedrohung* aus. Ich wache sehr erregt auf.«

Auch der Außenstehende fühlt, daß ein solcher Traum kein Alltagstraum aus Tagesresten ist, die zu Bildern verarbeitet sind. C. G. Jung würde hier wohl von Bildern aus dem kollektiven Unbewußten sprechen.

Der Träumer war ein Mann, der im Tagesbewußtsein eine Frau sucht, der sich seines vermeintlichen einfachen Berufes wegen nicht an »Höhergestellte« heranwagte, der in protestantisch kirchlicher Religiosität aufgewachsen war und der eine so lebensunwirkliche Vorstellung von der Ehe hatte, daß diesem Ideal keine Frau aus Fleisch und Blut genügen konnte. Es war ihm allmählich klar geworden, daß er ja eigentlich eine Madonna heiraten wollte und deshalb die richtige Frau nicht finden konnte. Daß aber dieser unbewußte, überkompensierende Wunsch auf dem Boden einer unbewußten, abgrundtiefen *Angst vor dem Weib an sich,* vor dem schlechthin Weiblichen entstanden war, hat ihm erst dieser Traum gezeigt. Die Weisheit seines Traumes war größer als die, die ihm in seinem Bewußtsein zugänglich war. Er erlebte in ungeheurer Angst das Gegenbild der unerreichbaren »Madonna«, aber er nahm auch die normale Erdenfrau mit ihrem Kind auf seinem Weg an sich. Das ist der prospektive Wink, den der Traum gibt.

Es sollte hier ja nicht auf die Fülle der Bilder eingegangen werden, sondern nur auf die das Bewußtsein übersteigende *Weisheit* des Traumes hingewiesen werden.

Dazu möchte ich nochmals Rudolf Steiner zitieren:[6] »In unsere Träume kommt hinein – bei dem einen Menschen mehr, bei dem anderen weniger –, was gescheiter ist als dasjenige, was wir aus unserem Alltagsleben in uns haben, als alles was wir im Alltagsleben im Denken, Fühlen und Wollen überschauen. Dasjenige, wovon wir geleitet werden, dasjenige was mehr ist, als der Erdenmensch ist und war, das geht in unseren Träumer hinein.

Sehen Sie, dieser Träumer, er ist auch dasjenige, was vieles, aber jetzt Unbewußtes in uns hervorrufen kann. Gewiß, alles dasjenige, was aus der höheren Welt auf dem Umwege durch die Wesenheiten, die den Hierarchien der Angeloi angehören, auf uns hereinwirkt, wirkt auf den Träumer; aber auch alles Ahrimanische, alles Luziferische wirkt zunächst auf den Träumer, wirkt wirklich in den Träumer hinein – aus der geistigen Welt.«

Es bleibt hinzuzusetzen, daß auch C. G. Jung aus seinen Erfahrungen heraus manchmal von »dem alten Weisen« in uns spricht.

Meine Ausführungen möchten dazu anregen, die aufgeworfenen Fragen in die weiterführende einmünden zu lassen, ob nicht auch eine tiefenpsychologische Traumarbeit im Sinne C. G. Jungs dem auf anthroposophischer Grundlage arbeitenden Arzt eine Erweiterung seiner Heilungs*möglichkeiten* bringen kann und umgekehrt, ob nicht die anthroposophische Menschen- und Welt-Erkenntnis eine Erweiterung der Tiefenpsychologie zu bieten vermag. Rudolf Steiners Sicht der Menschheits- und Weltevolution wie auch seine Reinkarnationsidee würden zum Beispiel Jungs Begriff des kollektiven Unbewußten weitgehend differenzieren, um nur eine der möglichen Erweiterungen anzudeuten.

Rudolf Steiner bringt in vielen Zusammenhängen die Darstellung der aufeinanderfolgenden großen Kulturepochen mit ihren jeweiligen Aufgaben. Er beschreibt dabei, wie sich im Verlauf der Menschheitsentwicklung das Verhältnis des Geistig-Seelischen des Menschen zu einem Leiblichen stetig wandelte, wobei das Bewußtsein aus einem träumerischen Dasein heraus immer wacher wurde und sich dem Irdischen mehr und mehr zuwandte. Nach seiner Darstellung befinden wir uns jetzt in der fünften nachatlantischen Kulturepoche, im Zeitalter der Bewußtseinsseele. Er äußert in bezug auf das Heilen: »Sie müssen sich klar sein, daß alles Heilen in der indischen Zeit ein viel geistigerer Vorgang war, als es heute sein kann. *Aber wir nähern uns solchen Wirkungsweisen!*«[7]

In der sechsten nachatlantischen Kulturepoche sollten wir nach seinen Worten wieder vom Geistig-Seelischen aus die Herrschaft über den physischen Leib gewinnen. Zu diesem Ziel sind wir unterwegs; denn jede Epoche wird in der vorausgehenden schon vorbereitet. Ich meine, daß für uns Therapeuten zu dieser neuen Wirkungsweise auch das *Heilen durch das Wort* gehören soll, selbstverständlich nicht im magisch-suggestiven Sinne wie in alten Zeiten, sondern über die Ich-Reifung.

IV. Psychotherapie als Selbsterkenntnisweg

Im Folgenden möchte ich zwei Gesprächssituationen darstellen, wie sie in meiner psychotherapeutischen Praxis häufig vorkommen. Als typische Gesprächsverläufe sind sie beschreibbar, obwohl sie im Einzelfall sehr variabel sind und sich jeweils im Verlauf der Behandlung ergeben, mal früher, mal später. Inhaltlich ist es immer auf den betreffenden Patienten und seine Schwierigkeiten bezogen.

Zuerst aber wäre die Frage zu erörtern, in welchen Fachbereich eigentlich die Psychotherapie gehört. Handelt es sich um übliche ärztliche Beratung, ist es Seelsorge? Gehört sie in den Bereich der Kunst mehr als der Wissenschaft oder gar ins Mysterienwesen? Oder ist es schließlich eine Art von Nacherziehung? – Die Psychotherapie hat in der Tat etwas von allen genannten Gebieten, am meisten wohl vom Erziehungswesen, insoweit die Erziehung ein generelles Heilen darstellt.

Das wird auch im letzten Vortrag des Pastoralmedizinischen Kurses von Rudolf Steiner angesprochen, nachdem im ersten Vortrag dezidiert auf die verschiedenen Aufgaben der Ärzte und Priester hingewiesen worden war. Er sagt da:

»In sehr alten Zeiten der Menschheitsentwicklung wurde der ganze Erziehungsvorgang als ein generelles Heilen aufgefaßt. Dadurch war dasjenige, was Mensch an Mensch zu tun hatte, von vornherein in einem gewissen Sinne medizinisch gedacht, und damit war dann verbunden das Bewußtsein, das sich in den alten Mysterien verknüpfte mit dem Arzt- und mit dem Priesterberuf, die beide zu tun haben sollten mit dem Heilen der Menschen auf Erden.«[1]

Dennoch muß man die tiefenpsychologische Behandlung unterscheiden auch von der Heil-Erziehung. (Darauf haben auch schon andere, z.B. Felix Schottländer hingewiesen.) Erziehung hat es grundsätzlich mit Kindern zu tun, auch wenn es altkluge Kinder sind, die in das Mimikry von Erwachsenen schlüpfen, und der Psychotherapeut hat es grundsätzlich mit Erwachsenen zu tun, auch wenn ihre Neurose ihnen eine infantile Maske aufsetzt. So sieht die Neurosenbehandlung oft schon aus wie eine Art von Nacherziehung. Aber der grundlegende Unterschied zwischen der Aufgabe des Pädagogen und des Psychotherapeuten bleibt bestehen. Beim sogenannten Psychagogen überschneiden sich die Bereiche manchmal; doch das soll uns hier nicht berühren, wenn ich von der Behandlung Erwachsener spreche.

Der Pädagoge erzieht durch ein sachliches Medium wie Spielen oder Lernen entweder in gemeinsamem Tun oder durch die Anregung dazu. Der Therapeut muß den Patienten zu Erkenntnissen seiner selbst führen, ob diese nun durch gemeinsame Rückschau in die Biographie des Patienten, durch Träume oder Betrachtung aktueller Konflikte gewonnen werden. Dabei werden immer auch Infantilitäten entdeckt. Diese kindgebliebenen Seelenanteile darf aber nicht der Therapeut erziehen, sondern das muß der Patient selbst tun. Er muß vom Arzt partnerhaft auf der Lebensstufe angesprochen werden, auf der er steht, bzw. stehen sollte dem Alter nach. Und er muß das »Kind in sich« zu seiner Stufe hin nacherziehen. Das sieht bei den einzelnen Menschen und Krankheiten ganz verschieden aus. Es stellt aber bei allen eine schwere Aufgabe dar.

Das Ziel der Erwachsenenbehandlung – welche Symptomatik auch zugrundeliegt – ist die Ich-Findung auf seiner Lebensstufe. Das sollte ja bei sogenannten Gesunden in der vierten Siebenjahrsrunde mit dem Erreichen von Urteils- und Verantwortungsfähigkeit in Freiheit der Fall sein. Aber kein Neurotiker, ob mit seelischer oder körperlicher Symptomatik, bringt diese Reife mit.

Also – meine ich – ist der tiefenpsychologisch arbeitende Psychotherapeut ein helfender, verstehender (und dieses gelernt habender!) Mensch »sui generis« und in keine Berufssparte vollkommen einzugliedern, es sei denn in die erweiterte neue Medizin, die die ganze Fülle des Menschenbildes der Anthroposophie umfaßt.

So ist die Psychotherapie eigentlich ein Selbsterkenntnisweg, zu dem der Patient einen Helfer braucht. Zu Beginn der Behandlung und eine lange Strecke des Weges ist es quasi eine Rückschau zu zweit. Die Situation entspricht etwa dem, was Rudolf Steiner in »Wie erlangt man Erkenntnisse der höheren Welt« im Kapitel »Innere Ruhe« darstellt.[2] Da heißt es: »Der Geheimschüler muß die Kraft suchen, sich selbst in gewissen Zeiten wie ein Fremder gegenüberzustehen. Mit der inneren Ruhe des Beurteilers muß er sich selbst entgegentreten. Erreicht man das, dann zeigen sich einem die eigenen Erlebnisse in einem neuen Lichte. Solange man in sie verwoben ist, solange man in ihnen steht, hängt man mit dem Unwesentlichen ebenso zusammen wie mit dem Wesentlichen.«

Nun gehört es ja zum Wesen des Neurotikers, daß er mit seinen unbewußten Inhalten, aus welchen die krankhaften Störungen kommen, sehr verwoben ist und allein diesen höheren Gesichtspunkt, auf den es bei Rudolf Steiner ankommt, nicht erreichen kann. Der andere, nämlich der Psychotherapeut, muß ihm helfen, sich »wie einen anderen«, nicht getrübt durch die eigenen Emotionen, zu betrachten.

Wir wissen ja alle, wie schwer es ist, den höheren Gesichtspunkt, den Überblick zu erreichen. Nach Rudolf Steiner liegt der Wert der inneren, ruhigen Selbstschau nicht so sehr darin, was man schaut, als darin, daß man in sich die Kraft findet, die solche innere Ruhe entwickelt. Dadurch weckt man ja den »höheren Menschen« in sich. Genau diese innere Kraft mangelt dem Neurotiker ganz besonders. Die innere ruhige Selbstschau ist auch mit Hilfe des anderen nicht etwas, das man einfach kann, wenn man dazu aufgefordert wird und es dann sogar auch will. Der Neurotiker kann es meist – zu Anfang immer – nicht einmal *wollen*. Er will zunächst nur gesund werden und seine störende Symptomatik verlieren. Er kommt ja nicht als Geheimschüler zu uns. Allenfalls will er wissen, woher seine Störungen kommen, insofern also schon den Selbsterkenntnisweg mit dem helfenden Therapeuten gehen. Daß seine Krankheitsursachen im Unbewußten liegen, hat er meist schon gehört. Das ist außerdem zur Zeit ein Lieblingsthema der Massenmedien. Über die Konsequenzen, die gefundene Ursachen nach sich ziehen sollten, ist der Patient gewöhnlich weniger unterrichtet. Zu der in der Therapie nötigen Selbsterkenntnis genügt die Rückschau auf eigene Erlebnisse nicht, auch nicht, wenn der Therapeut hilft, diese zu objektivieren. Die neurotische Symptomatik stammt aus dem Unbewußten, und die gemeinsame Betrachtung der dem Patienten bewußten Erlebnisse kann zwar einseitige Sichtweisen und emotionale Erinnerungstrübungen etwas klären, aber das Vergessene und Verdrängte bleibt weitgehend im Unbewußten. Dieses Erlebnismaterial wie auch prospektive, in die Zukunft hinein helfende Hinweise gewinnen wir aus den Träumen der Patienten, bzw. aus der gemeinsamen Betrachtung dieser Träume. Woher nun die Erkenntnisse kommen, ob aus Rückschau oder aus Träumen: Solange sie nur als theoretisches Wissen im Kopfe steckenbleiben, bringen sie noch keine Heilung. Das erfährt der Patient meist erst während seiner Behandlung. Bei der Behandlung macht sonst der Arzt die Operation, den Gipsverband, verschreibt die Medizin, und der Patient wartet die Heilung ab. Hier aber muß er selbst zur eigenen Handlung kommen. Man appelliert also wiederum an etwas, das er primär nicht hat: an seine Willensstärke. Das Ziel: seine Ich-Findung, seine Ich-Stärkung – C. G. Jung nennt es Individuation, was mit Egoität im Sinne von Egoismus nichts zu tun hat[3] – wird er allenfalls bejahen, wenn es ihm vor der Therapie erklärt wird; ansonsten wäre er zu einer tiefenpsychologischen Arbeit gar nicht fähig. Aber dann muß der Weg Schritt für Schritt mühsam und geduldig gegangen werden.

Der Therapeut ist nur während der Gesprächssitzungen im Gewinnen von Einsichten unmittelbar der helfende andere. Die ganze übrige Zeit ist der Patient mit seinen Schwierigkeiten in seinem Alltag, in seinem Beruf, der Familie etc. allein auf sich angewiesen. Bei klinischen Behandlungen, wo mit Milieu-Einwirkungen, Tageseinteilungen, künstlerischer Therapie usw. gearbeitet werden kann, ist das etwas anderes als in der ambulanten Psychotherapie. Man muß also dem Patienten etwas in die Hand geben, womit er sich selbst weiterhelfen kann.

Im Laufe der Jahre habe ich nun einige praktische Methoden für diesen mühsamen Weg entwickelt, die sich mir bewährt haben. So etwa wie Bergsteiger für bestimmte, öfter auftretende Schwierigkeiten am Berg bestimmte Griffe und Tritte herausarbeiten, die man weitergeben kann. Von zwei solchen will ich nun erzählen.

Als Beispiel möchte ich das *Infantilverhalten* wählen; mit dem haben wir es mehr oder weniger bei fast allen Neurosentherapien zu tun. Auch der Gesunde ist nur in der überwiegenden Hauptsache so alt wie seine Kalenderjahre. Etwas bewahrtes Kindliches gibt ihm oft einen besonderen Charme, und ebenso leuchtet manchmal etwas reiferes Zukünftiges schon aus ihm. Es tut dem Patienten gut, wenn man so etwas ins Gespräch einfließen läßt. – Von infantil sprechen wir, wenn ein störendes unbewußtes Verhalten ihm »passiert«, was auf einer frühen Stufe der Kindheitsentwicklung normal ist, aber quasi stehen geblieben ist und wie ein anderer Fremder in ihm wirkt. Das blockiert sein sonstiges Erwachsensein. Mit der Erkenntnis, daß er oder sie ein solches, z.B. drei- bis fünfjähriges Trotzkind in sich hat, ist noch nichts geändert. Das ist nur ärgerlich für den Erkennenden. Er fragt: was kann ich da tun?

Da hat sich mir methodisch bewährt, das Erleben des Patienten, daß da ein anderer in ihm ist, der z.B. die Wutausbrüche »macht« – was er selbst doch gar nicht will –, therapeutisch auszunützen. Ich veranlasse ihn, sich ganz bewußt zu teilen in die beiden Rollen: zum einen in den Erwachsenen und zum anderen in den kleinen Buben oder das kleine Mädchen. Diese Infantilen bekommen oft auch einen Namen, möglichst den Kosenamen aus der frühen Kindheit und er, der Erwachsene, wird zum Heilerzieher. Beispielsweise bei Magersucht: der Suppenkasper und seine Mutter. Ich bin dabei nur der gelernte Psycho-Pädagoge, dem man das Erreichte oder die Fehlschläge berichtet. Die ständige Erziehungsaufgabe liegt beim Patienten.

Bei dem Beispiel des Nicht-Essers im Magersüchtigen sehen wir etwa gemeinsam, daß der Kleine schon viel zu viele Drohungen und Schläge von ihm und noch mehr aus der weiteren Umgebung bekommen hat. Man hat ihm schon viel zu oft vorgehalten, daß er sterben müsse, wenn er immer nichts esse, und auch noch selber daran schuld sei, was ihn gerade nicht ins Leben hinein ermutigt. Außerdem wisse er auch ganz gut, daß er heimlich doch nasche, also wohl essen könne, nur nicht wollen könne. Also: man macht die Erfahrung, daß ein solches quasi heilpädagogisches Kind mit Strenge, Verachtung und Beschimpfungen nicht weiterzubringen ist. Das will liebevoll und doch konsequent an die Hand genommen werden und spüren, daß man es gut mit ihm meint, und dabei Lust bekommen, auch so ein Erwachsener zu werden wie sein Erzieher. Das »Kind« brauche dann keine Angst mehr vor dem Leben des Erwachsenen zu haben. Wir haben bereits in unserer bisherigen therapeutischen Arbeit erkannt – (ob in der Biographie oder durch Träume oder durch was auch immer) –, daß die Angst vor dem verantwortungsvollen Erwachsensein der eigentliche Hintergrund seines Nicht-essen-Könnens ist. Dann erst beginnt der lange Weg, auf dem man den Patienten mit Geduld – und Phantasie! – begleiten muß. Denn das liebevolle Annehmen eines Infantilen in sich ist schon eine arge Zumutung.

Es handelt sich bei diesem Annehmen seines So-Seins nicht nur um Infantiles, sondern überhaupt um alles, was man in sich nicht wahrhaben will. Damit sind wir bereits mitten in dem Kapitel, was C. G. Jung mit dem Annehmen des Schattens bezeichnet. Annehmen heißt noch lange nicht, diesen für schön oder wenigstens für besonders interessant zu halten. Aber wenn ich etwas verwandeln will, kann ich es nicht einfach zum Haus hinauswerfen und so tun, als habe ich nichts damit zu schaffen. – So bildhaft muß man mit dem abstrakten Begriff der Verdrängung umgehen! – Es wird dann zur Hintertüre hereinkommen und mich plagen.

Und das hat es ja bereits getan: nämlich als neurotisches Symptom hat es mich in der Hand!

Die meisten Neurotiker haben ein übermäßiges Bedürfnis, alles recht zu machen. Sie leiden an einem Perfektionismus, und das Wahrhaben-Sollen eines Schattens ist eine schwere Aufgabe. Bei dem einen ist es sein Infantil-Verhalten, bei dem anderen Bequemlichkeit und Egoismus, beim dritten die Entdeckung, daß er sich genau so verhält wie sein Vater oder seine Mutter, über deren Schattenseiten er sich bisher ganz klar war und sich als Opfer dieser beklagt hatte.

Kurz: das Annehmen dieser Seite in sich, darüber nicht zu resignieren, sondern zu versuchen, gerade das in sich zu verwandeln, ist eine schwere Aufgabe, eine Lebensaufgabe.

Das gilt natürlich für alle Menschen, denn es gibt keinen ohne Schattenseiten. Aber die als Patienten zu uns kommen, brauchen unsere Hilfe, mindestens so lange, wie das neurotische Symptom sie in der Hand hat. Auf diesem mühsamen Weg kann es eine praktische Hilfe bedeuten, den jeweiligen Schatten, so wie eben beschrieben, zu personifizieren. Das muß bei jedem individuell und aus seiner Situation heraus immer wieder anders gehandhabt werden. Im Grundsätzlichen muß es geleistet werden, weil die darin gefangenen seelischen Kräfte dem Ich zufließen müssen, anstatt es zu attackieren und zu blockieren. Und so kann der Betreffende allmählich »Herr im Haus« werden. Ein anderes Beispiel:

Frau Gertrud – sie ist Arzt-Tochter und selbst physikalisch-technische Assistentin – klagt über ihre Kontakt-Ängste. Sie kann nicht in die Kirche, obwohl sie eine christlich betonte Einstellung hat, aus Angst »vor den Leuten«. Ebensowenig kann sie im dörflichen Laden einkaufen oder auch nur die Nachbarin mit einem guten Wort grüßen. Es ist ihr mühsam eingefallen – sie verdrängt alles in ihrer ständigen Flucht vor sich selbst –, daß ihre Mutter ja nie mit ihr und ihrer Schwester in die Kirche gegangen ist. Es war eine Mischehe, und die evangelische Frau des katholischen Arztes im Dorf wurde schief angesehen, zumal die Kinder evangelisch erzogen werden sollten. Die Mutter hat auch nie mit den kleinen Mädchen zusammen eingekauft; sie mußten alleine gehen oder der Vater mußte aus einem anderen Dorf die Dinge mitbringen.

Nun ist die Patientin erwachsen, die Eltern wohnen in einem anderen Bundesland; sie ist verheiratet. Sie sieht sogar selbst die frühen Prägungen, die zu den Kontaktängsten beigetragen haben können und weiß auch vernunftgemäß, daß sie doch jetzt keine Angst vor einer harmlosen Nachbarin oder vor dem Besuch von Freunden zu haben braucht. Es ist die introjizierte, die innere Mutter, die ihr den so ersehnten Kontakt verwehrt. Diese hat sich bereits selbständig gemacht und sitzt blockierend in ihrem Leben drin.

Wir besprechen nun, wie sie diese schon erkannte Personifizierung einer Teilpersönlichkeit in sich selber therapeutisch aufgreifen kann; wie sie mit dieser inneren Mutter umgehen muß; z. B.: »Du willst mir verwehren in die Kirche zu gehen?! Das darfst du nicht, jetzt nicht mehr! Entweder du bleibst daheim oder du gehst ganz still mit – kann dir auch nicht schaden! – aber Angst lasse ich mir von dir nicht mehr machen. *Du* fürchtest die Leute, mir tun die Leute nichts und ich lasse mir von dir nicht einreden, es seien die Leute. Du bist es, die mir Angst macht... Komm, nun gehen wir miteinander!«

Dieselbe Frau Gertrud hat vegetativ bedingte Symptome. Sie spürt z. B., wenn sie in die Nähe ihrer Arbeitsstätte kommt, einen Druck auf der Schilddrüse und Atemnot. Sie erklärt es sich bei dem deutlichen Zusammenhang abstrakt als Angst vor den Fehlern, die sie dort wieder machen könnte. Das ist aber zu abstrakt, zu blutleer und hat bei aller Einsicht in die Zusammenhänge bisher noch nichts genützt. In den Anfangszeiten der Psychoanalyse hat man gemeint – und viele meinen das heute noch –, Bewußtmachen der vorher unbewußten Zusammenhänge *sei* schon die Heilung. Das ist aber meistens nur die Vorbedingung, und die Heilung muß aktiv in die eigene Hand genommen werden.

Wir besprechen also in diesem Fall: das Körpersymptom ist ein Signal der Angst. Der Einwand: wenn es einem so schlecht ist, muß man doch Angst bekommen, wird gemeinsam ausgeräumt, indem wir den Teufelskreis: Angst–Luft aus–Angst erkennen und nun auch durchbrechen wollen. Und wir nehmen wieder wahr, wie schon manchesmal, wie zäh sich eine Neurose verteidigt, die sich bei einem niedergelassen hat und nun ein warmes Nest zu haben meint.

Wir sehen nun, daß in einer solchen Situation nicht ihr Ich sozusagen Herr im Haus ist, sondern sich duckt und in die Angst jagen läßt von ihrem Perfektionismus, immer alles recht machen zu sollen. Der Unterschied zwischen Perfektionismus und Pflichtbewußtsein und dem Streben, sich zu vervollkommnen, was sie natürlich ins Feld führen muß, um sich zu verteidigen und zu beweisen, daß es doch eine körperliche Angst sei, muß nun auch noch herausgearbeitet werden. Sie muß also lernen, aus ihrem Ich, aus ihrer eigenen Mitte heraus zu leben. Dazu kann auch das Personifizieren hilfreich sein, indem sie diesen Schatten, den sie an sich nicht wahrhaben will, anspricht. Etwa so: komm kleiner ehrgeiziger Angsthase, du brauchst mir nicht die Luft abzuschnüren. Ich darf nämlich einen Schatten haben und auch mal Fehler machen und mich nicht in die Hektik des Schnellschnell-Machens treiben lassen. Du sollst mich nicht in Versuchung führen, »krank« zu werden, um legalerweise nicht mehr ins Geschäft zu müssen. Komm nur, wir gehen miteinander hinein und tun, was wir können; mehr muß gar nicht sein!

Ich habe eben an den Beispielen des Personifizierens versucht, zu zeigen, wie ich den Patienten zur praktischen Mitarbeit anrege. Das, was im Gegenüber von Arzt und Patient ein Polarisieren ist, was der Patient nur in ein bis zwei Stunden der Woche erlebt, gebe ich damit weiter an ihn und seine Innenfiguren, wobei er nun die Rolle des Arztes übernehmen sollte. – Es ist nicht leicht, die Patienten dazu zu bringen. Die, die es am meisten brauchen könnten, sträuben sich erfahrungsgemäß auch am meisten. Wenn sie es aber aufgreifen, ist es sehr hilfreich.

Auf etwas ähnliches weist Rudolf Steiner in einem seiner Vorträge zu Goethes Faust hin.[4] In bezug auf das Donnerwetter des

Erdgeistes – »Du gleichst dem Geist, den du begreifst« – sagt er: »Welchen Geist begreift denn Faust? Wie kann er denn jetzt in der Selbsterkenntnis weiterkommen? Wie schaut der Menschengeist aus, den Faust begreifen kann? Er tritt herein in Schlafrock und Nachtmütze, der andere Faust: Wagner. Weiter bist du noch gekommen! In der Selbsterkenntnis kommt er ein Stück weiter. Das ist gerade das Eigentümliche in Goethes Faust, daß dasjenige, was in realer Gestalt auf die Bühne gebracht wird, immer im Grunde genommen ein Stück Selbsterkenntnis ist.«

So versuche ich mit den Patienten zusammen, wenn uns aus der Biographie, aus Träumen oder Fehlverhaltensweisen eine Einsicht aufgegangen ist über die »Schatten-Anteile« seiner Persönlichkeit, aus diesen »reale Gestalten« zu machen. Mit dem Wissen, daß ich so einen Wagner, einen Mephisto, einen Trotzkopf, einen Faulenzer oder einen Infantilen in mir habe, ist noch nichts geschafft an der Heilung. Das ist zunächst, wen auch immer ich da in mir entdecke, unerfreulich und möchte so schnell wie möglich wieder verdrängt werden. Das möchte ich am liebsten nicht wahrhaben. Dieses Nicht-wahrhaben-Wollen solcher Gestalten auf der »Innerseelischen Bühne« entspricht ja eben dem stagnierenden, behinderten Zustand des Neurotikers. Er kann aus dieser Situation nur herauskommen, wenn er mit diesen realen Gestalten ins Gespräch kommt, mit ihnen umgehen lernt. Sie sind die Kräfte, die er zu seiner Heilung, seiner Ganzwerdung braucht.

Die Begegnung des Faust mit seinem Schatten in der Gestalt des Famulus Wagner erinnert an Doppelgängererlebnisse. Die Anthroposophie vermag gerade über diese »Begegnungen mit sich selbst« wesentliche Aussagen zu machen. Hier will ich nur darstellen, wie die Patienten lernen können, praktisch mit ihren Schatten-Anteilen umzugehen.

Auf eine andere, in meinem Sprechzimmer häufig und in allen Variationen vorkommende Gesprächssituation will ich nun noch zu sprechen kommen. Es handelt sich um das Thema Vergangenheit–Gegenwart–Zukunft. Denn als Therapeut kann man oft beobachten, daß der Patient kaum je im gegenwärtigen Augenblick lebt. Gegenwärtig sind zwar die Emotionen: Trauer, Verzweiflung, Sorge, Zorn, Selbstmitleid usw. In diese ist der Patient geradezu versunken. Aber diese beziehen sich fast immer entweder auf Vergangenes oder Zukünftiges.

Anlaß zu einem solchen Gespräch ist häufig das Hängenbleiben des Patienten in der Vergangenheit. Es ist die unfruchtbare Situation des gebannt Zurückschauens in Schlimmes, nicht mehr zu Änderndes, bei welcher ich oft auch das Bild der Frau des Lot aus dem alten Testament verwende, die erstarrte beim Zurückblicken in die hinter ihr liegende Katastrophe und dabei die ihr gegebene Chance in die Zukunft versäumte. Der analytischen tiefenpsychologischen Therapie wird oft von Kritikern dieser Vorwurf des zu sehr Rückwärts-Orientiertseins gemacht, und es ist meines Erachtens auch eine tatsächliche Gefahr. Diese Gefahr sieht allerdings auch ein großer Teil der Psychoanalytiker und anderer tiefenpsychologischer Richtungen, nicht nur – aber auch –, seitdem die Krankenkassen als Kostenträger zu langer Analysen ein Wort mitzusprechen haben.

Bei C. G. Jung und meinem Lehrer G. R. Heyer spielte der aktuelle Konflikt schon immer eine Rolle. Ich bringe also, wie ich aus der Literatur ersehe, nicht etwas gänzlich Neues zur Sprache, aber etwas, das von mir seit Jahren geübt wurde und das sich mir in der nun vorzubringenden Form als methodisch sehr brauchbar erwiesen hat. Es ist sowohl brauchbar beim fruchtlosen Hängenbleiben in der Vergangenheit wie auch dann, wenn es sich zum Beispiel um Ängste handelt, die aus der Zukunft hereinwirken.

Ich pflege dann folgendes Schema vor den Augen des Patienten aufzuzeichnen. Es ist wichtig, daß man nicht, weil es so oft vorkommt, ein fertiges Schema hat, das man hervorholt. Der Gedanke, das jetzt zu bringen, entstammt einer bestimmten, einmaligen Gesprächssituation, kommt spontan und muß ebenso spontan mit dem Patienten zusammen entwickelt werden.

Während des Aufzeichnens entspinnt sich etwa – mit manchen Variationen – dieses Gespräch:

Dies ist der Strom der Vergangenheit (durchgezogene horizontale Linie links). Jeder Mensch hat eine Vergangenheit, die sich in seinem Erleben als eine Summe von Erinnerungen darstellt. Es ist schlimm, wenn – wie bei seltenen Krankheiten – die Erinnerungsfähigkeit abhanden kommt und der Betreffende gar nicht mehr weiß, wie er heißt, wer er ist, woher er kommt, also seine eigene Identität verloren hat. Die physische Substanz bleibt bekanntlich im Laufe des Lebens nicht dieselbe. Was uns unsere Identität gibt, ist unser Ich, das was wir als Persönlichkeit geworden sind, mit unserer Erinnerungsfähigkeit, unserer individuellen Biographiefähigkeit.

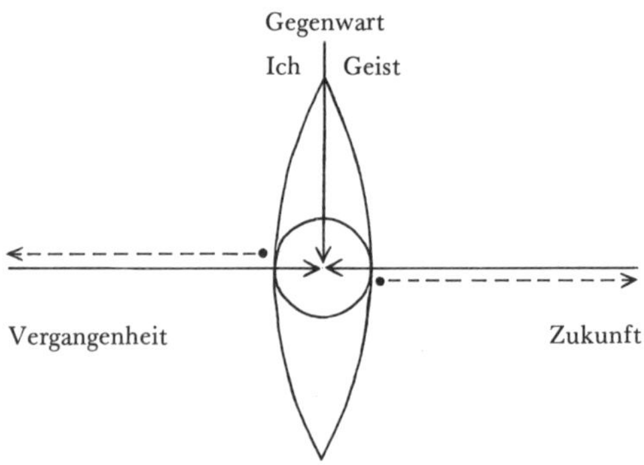

Diesem Strom der Vergangenheit kommt ein anderer Strom, nämlich der Strom der Zukunft entgegen (durchgezogene Linie horizontal rechts). Wo die beiden zusammentreffen, das ist der gegenwärtige Augenblick, also z. B. jetzt, da wir beide hier sitzen. Der bewegt sich mit jeder Minute weiter, kann also nie etwas Statisches sein: weder im »Verweile noch, du bist so schön«, noch im schlimmsten Schmerz. Aber es ist eine genau definierbare Größe. In diesem »Treffpunkt« geschieht der Einschlag des Ich.

Ich zeichne mit Absicht diese »Ich-Linie« (Vertikallinie mit Pfeil abwärts in der Mitte) im rechten Winkel dazu, um die andere Dimension der Ich-Qualität deutlich zu machen. Diese Gegenwart hat auch etwas mit Geistesgegenwart zu tun. Geistesgegenwart im üblichen Sinn: daß man im gegebenen Augenblick richtig handeln kann oder überhaupt handeln kann, anstatt in gelähmte Drepression zu verfallen, wie z. B.: »Sie in Ihrer Entschlußunfähigkeit« (Entscheidungsneurose). Geistesgegenwart hat aber auch mit der Anwesenheit eines Geistigen zu tun. Das Ich ist nämlich von geistiger Qualität. Es steht nicht nur hier auf der Zeichnung aufrecht auf der Horizontalen, sondern überhaupt aufrecht zwischen Himmel und Erde, während der Fluß seiner Biographie, seines gelebten Schicksals quasi horizontal (s. Zeichnung) verläuft, zwischen Geburt und Tod. In diesem Punkt, wo die drei Linien zusammentreffen, ist der Mensch ganz in seiner Mitte; da ist er urteilsfähig, handlungsfähig. Das nehmen auch die Menschen der Umgebung als seine Wesensausstrahlung wahr.

Aber wer ist schon immer in seiner Mitte! Die einen sitzen hier (links) neben sich und schauen gebannt zurück (es wird nun die gestrichelte horizontale Linie nach links gezeichnet). In der Vergangenheit liegen nicht nur alle schlimmen Erlebnisse und Bedingungen, die nach unserer Meinung anders hätten verlaufen sollen, da liegt auch die frühkindliche Geborgenheit, das warme Nest, in das einen die jeweilige Neurose zurückzwingen will, alles Retardierende. Freilich liegen da auch alle mitgebrachten und erworbenen Möglichkeiten zur Entfaltung seines Ichs, aber das wird ja in diesem Zustand gewöhnlich nicht gesehen.

Hier rechts (es wird die gestrichelte horizontale Linie in die Zukunft gezogen) in der Zukunft liegen alle Hoffnungen, Pläne, Ziele, die jeder Mensch ja haben sollte. Da liegen aber auch alle Illusionen und alle Befürchtungen und Ängste. Links überwiegt das »Hätt'-ich«: hätte ich eine andere Mutter gehabt! hätte ich einen anderen Beruf ergreifen dürfen! hätte mir mein Sohn das nicht angetan! usw., usw. Rechts überwiegt das »Wenn-einmal oder Wenn-aber«: wenn ich das Examen hätte, dann! wenn ich's aber nicht schaffe! wenn aber ein Krieg kommt! usw. oder man träumt Ideales oder Irreales in die Zukunft hinein. Aber bei beidem sitzt man neben sich und bleibt gelähmt, depressiv, im

Zwang gefangen, auf jeden Fall handlungsunfähig und alle Erkenntnisse, die in der Rückschau oder aus Träumen gewonnen wurden, können nicht fruchtbar gemacht werden.

Bei den meisten aber geht es blitzschnell hin und her: weil ich ein so schädliches Elternhaus gehabt habe (links), werde ich nie ein gesunder, tüchtiger Mensch sein können (rechts), weil ich doch damals... wird man immer...!

Wenn ich das jetzt so theoretisch bringe, hört es sich fast wie eine Predigt an – in der Wirklichkeit aber muß es im Gespräch bleiben, wobei beide beteiligt sind. Es wird bei jedem einzelnen Bezug genommen auf jeweils seine eigenen Blockierungen, seine depressiven Inhalte, seine Ängste und Zwänge oder sonstige Symptomatik. Insofern verläuft das Gespräch immer anders und immer lebendig, schon weil es sich aus einer *jetzt* konstellierten Situation heraus entwickelt.

Zum Beispiel kamen wir in der Behandlung einer schweren Drepression eines etwa 40jährigen evangelischen Pfarrers, die mit einer zwangsartigen Eifersucht verbunden war, in der 21. Sitzung auf das »Schema«. Er war von der Familie zur Therapie überredet worden und hatte lange Zweifel, ob das einen Sinn haben könne, gerade für ihn, der ja unabänderliche physische Mängel und schlechte Veranlagungen habe (Kleinheit des Wuchses und Kopfes mit beginnender Glatze und miserables Gedächtnis und anderes mehr, während er seine auffallend schönen blauen Augen nie wahrgenommen hatte). Seit der 14. Sitzung war er zögernd, aber dennoch aktiv in die Behandlung eingestiegen und hoffte, mit meiner Hilfe weiterzukommen.

Veranlassung, auf das Schema zu kommen, bildete seine Klage, daß morgens alles über ihm zusammenbreche, auch das, was er erst in einigen Wochen zu bewältigen habe, und ob dem vielen könne er noch weniger arbeiten, als er ohnehin schon könne. Also die typische Aufwach-Drepression. Wir stellten nun miteinander fest, daß er vorwiegend und sicher in solchen Augenblicken rechts neben sich säße: da in der Zukunft, in dem Predigt-Kurs, den er in zwei Wochen besuchen wollte, könne er sich blamieren, nicht nur nicht der Perfekte, Beste sein – von seinem Perfektionismus war schon oft die Rede gewesen–, sondern er könnte auch tatsächlich erleben, daß andere mehr wüßten, von denen er noch etwas lernen könnte usw. Er sah auch selbst, wie er oft neben sich sitze: *weil* er ja nur aus einem Bauernhaus stamme (links), könne er (rechts!) gar nicht die Vorbedingungen für einen Pfarrer haben. Nun sah er ein, daß ihn am frühen Morgen weder seine Abstammung, noch seine eventuelle Fehlleistung in zwei Wochen etwas angehe, sondern nur, daß er *merke*, wie er jetzt wieder neben sich, »außer sich« sei. Jetzt habe er nur die Aufgabe, sich in die Mitte zu holen, dorthin, wo die Verbindung zu seinem höheren Ich möglich wäre; mit C. G. Jung zu sprechen: seinem Selbst; mit Paulus zu sprechen – ihm als Pfarrer brauche man das ja nicht erklären–: zu dem »Christus in mir«. Auch wenn er da nicht gleich etwas »spüre« von dem höheren Ich: der Ort, wo sich das ereignen könnte, sei diese Mitte. Sein Bestreben müsse nur sein, dorthin zu gelangen; schon das Bestreben genüge zunächst, um den schwierigen Tagesanfang zu bestehen. Er kam selbst darauf, daß er ja da in der Mitte »anwesend« sei, was wir schon im Zusammenhang mit seinem schlechten Gedächtnis erörtert hatten, als wir von dem inter-esse bei allem Tun gesprochen hatten. Das ganze Gespräch um das Schema herum muß so geführt werden, daß der Patient möglichst viel selbst entdeckt und ausspricht.

Ich möchte nun noch ein Beispiel bringen, in dem sowohl das Personifizieren wie das Gegenwartsproblem oft ins Gespräch kommt.

Es handelt sich um einen 28jährigen, sehr begabten Studenten der Naturwissenschaft, der – die mündlichen Prüfungen hinter sich – an seiner experimentellen Diplom-Arbeit arbeitet. Er war mit einer suicid-gefährdeten Depression in Behandlung gekommen. Diese besteht nicht mehr, aber es hat sich ein hartnäckiger Grübelzwang erhalten, mit dem er schon früher seine Drepressionsberechtigung wegen Sinnlosigkeit des Lebens genährt hatte. Wir wissen ja, daß Zwänge zu den therapieresistenten Neurosen gehören. Und es ist ihm – nennen wir ihn Martin–, dem der Freiheitsbegriff ein hauptwichtiger Inhalt seines Grübelns ist, schon sehr peinlich, einen krankhaften Zwang zu haben – eine Drepression ist doch noch salonfähiger!

In aller kürze das Nötigste: Er ist Flüchtlingskind, der Vater, Schreinermeister, kam am Freitag nach dem Zahltag oft nicht heim und wurde am Sonntagmorgen total betrunken vor die Tür gelegt. Das war hauptsächlich in den wichtigen Jahren der Ich-Entwicklung Martins um das 9. Lebensjahr herum, wo sich dies negative Vaterbild in ihn einprägte. Die Mutter, die sich an den einzigen Sohn hielt, verwöhnte ihn und erlaubte alles. Sie deckte, so gut es ging, die Schande vor den Nachbarn. Nach seiner Meinung ließ sie sich »für dumm verschaukeln«. Er versuchte dagegen, ein elitäres Selbstbewußtsein aufzubauen, was ihm in der Schule und der ersten Studentenzeit bei seiner Begabung auch ohne weiteres gelang, aber dann zusammenbrechen mußte. Das soziale Unterschicht-Problem drückt ihn heute noch und trägt wesentlich zu seiner Arbeitshemmung bei: Die Oberschicht verkauft die arbeitende Unterschicht für dumm.

Vor der nun zu schildernden Therapie-Situation war schon öfter die Rede gewesen vom »kleinen Bubele«, der gegen die Mutter – auch gegen mich in der Mutterübertragung – rebelliert in seinem Widerstand gegen die Arbeit, gegen das Gesundwerden, gegen alles »Normale« überhaupt. Er wollte nicht so wie die Mutter arbeiten, sich nicht für dumm verkaufen lassen!

Nun waren wir wieder einmal durch einen Nullpunkt durchgegangen. Er hat selbst eingesehen, daß das einzig Nötige jetzt wäre, in die *Mitte* zu kommen, nach meinem Schema. Aber auch wenn er es wirklich wolle, könne er es einfach nicht. Das laufe zum Beispiel dann so: Ich muß an eine Versicherung einen Brief schreiben, um zu dem mir zustehenden Geld zu kommen, das ich ja auch brauche. Ist doch klarer Fall! Aber ich tue es einfach nicht. Und ich sehe sogar meinen Widerstand (des kleinen Bubele). Aber dann frage ich mich, woher der Widerstand kommt, darüber komme ich ins Grübeln und bleibe untätig sitzen. Wenn ich den Widerstand aufgäbe und dennoch schriebe, weil *Sie* das gesagt haben, wäre das dumm. Ich ließe mich von Ihnen für dumm verkaufen, so wie meine Mutter das immer getan hat.

Wir sehen nun zusammen, daß er im Schema links neben sich sitzt, vom vergangenen Denken und Verhalten nicht loskommt, daß er in mich hineinprojiziert, ich wolle ihn für dumm verkaufen, und daß es ihm in seinem Grübeln ja gar nicht um die Wahrheitsfrage gehe. Das gibt er alles zu. Und wir haben beide den Eindruck gewonnen, einen Schritt nach vorwärts getan zu haben.

In die nächste Stunde kommt er wieder mit der alten Klage, dieses ewige Ringen mit sich selbst mache ihm keinen Spaß. Ich dagegen finde, daß mir diese uralte Platte, die er abspiele, keinen Spaß mehr mache. Ich nehme zwar das Zwanghafte seines Grübelns ernst, aber die Inhalte sollten mich von jetzt an nicht mehr interessieren. Er agiere wieder als das kleine Bubele, das die Mutter zur Weißglut bringen möchte. Er darauf: er merke tatsächlich – allerdings erst seit kurzer Zeit –, daß er am Tage vor der Stunde ins Klagen komme, auch wenn es vorher gar nicht so schlecht war, offenbar, um es dann mir »hinzuschmeißen«.

Ich meine, er müsse mehr Phantasie aufbringen in der liebevollen Pädagogik des Bubele und erzähle ein Beispiel von einer Mutter mit einem dreijährigen Kind, wozu er zustimmend lächelt und dann sagt: »Ich kann doch nicht sagen, ich bin ein Kleinkind, das z.B. keinen Traum aufschreiben kann. Einem Menschen gegenüber, der an sich selbst Ansprüche stellt und mit dem ich eigentlich einig bin, kann ich doch nicht zugeben, daß ich kein Partner sein kann und sagen: ich bin ein dummes Bubele. Um diese Schande zuzudecken, mache ich es Ihnen und mir mit dem ›Philosophieren‹ noch viel schwerer.« Und als plötzlicher Einfall in dem Gespräch, das ich jetzt etwas zusammengefaßt wiedergebe, kommt ihm: »Nach dem Abitur wußte ich nur eines ganz klar: Pädagoge kann ich auf keinen Fall werden; da wäre ich untragbar wegen meiner Verachtung der Dummen. Und jetzt soll ich annehmen, so einen kleinen Dummen in mir zu haben! Zwar habe ich es schon erfahren, wie lächerlich man wird, wenn der die Regie übernimmt. Aber trotzdem! Die auch im Bewußtsein vorhandene

Angst, sich für dumm verkaufen zu lassen, wie andere meiner sozialen Unterschicht es tun, verbietet mir direkt, den Kleinen in mir mit Liebe zu erziehen, wie Sie immer sagen.« Er stellt nun die Frage, wie das mit der Geistesgegenwart, der Ich-Mitte zusammenhinge. Gefühlsmäßig sei es für ihn irgendwie dasselbe. Und der Ich-Einschlag sei wohl auch die »Innere Stimme« des Mihajlov.[5] Und da wäre doch der eigentliche Freiheitsraum. – Ich hatte ihm einige Zeit vorher, als es wieder einmal um die Freiheit gegangen war, die Schrift des Mihajlo Mihajlov über »die mystische Erfahrung der Unfreiheit« zu lesen gegeben, was ihn sehr beeindruckt, aber noch keine sichtbaren Konsequenzen gezeitigt hatte.

Nachdem ich antworte: die geistesgegenwärtige Tat, die seiner Mitte entspringe, bestehe darin, jeweils in der Gegenwart zu merken, daß das Dummerle, das Bubele sich rühre, daß *er* nicht das Bubele *sei*. Er erleichtert: »Das ist ein brauchbares Bild! Damit verstehe ich nun auch meine Angst vor dem Vorwärtsriskieren. Das ›Kind‹ schafft das nie, dem kann ich nicht diese Erwachsenenrolle zuweisen. Das ist meine Arbeitshemmung! Ich müßte also, so oft ich meinem Hauptproblem begegne, nämlich daß ich die Schwierigkeiten nicht anpacke, sondern begrüble, die Person des Kindes auftauchen sehen aus den vielfältigen Gefühlen des Zurückgehaltenseins. Ich dürfte ihm nicht die Regie überlassen, sondern es, wie Sie sagen, auch nicht verachten, aber liebevoll nacherziehen.«

Es ist möglich, daß sich manche Leser bei meinem sogenannten »Schema« an ein ganz ähnliches von Rudolf Steiner erinnert fühlen. Ich bin absichtlich nicht davon ausgegangen, weil ich es so vorbringen wollte, wie es sich bei mir selbst in der Ausübung meiner ärztlichen Praxis entwickelt hat. Natürlich hatte ich die »Psychosophie«[6] vor Jahren gelesen, versucht, sie theoretisch zu verstehen. Es muß Anfang der 50er Jahre gewesen sein, als ich vorwiegend Allgemeinärztin war und nur immer einige große Psychotherapien durchführte. Ich fand darin eine gewisse Bestätigung meiner Art der Psychotherapie und habe die von R. Steiner verwendeten Zeichnungen »vergessen«, sie also meinem Unbewußten anvertraut. Aus meiner psychotherapeutischen Arbeit heraus habe ich seit etwa 12 Jahren »mein« Schema entwickelt. Wiederum später habe ich das Ähnliche bei Rudolf Steiner neu entdeckt, bzw. ist es in verwandelter Form, aber natürlich menschenkundlich gleich, wieder aufgetaucht. Nun brauchte ich es nicht mehr »theoretisch« zu verstehen, es war in mich »eingegangen«.

Es geht mir hier also um die, auch an meiner eigenen Biographie ablesbare, lebendig gewachsene Psychotherapie aus der Erweiterung einst gelernter Heilkunst der Tiefenpsychologie ins Anthroposophische hinein. Diese mußte ja von selbst anders werden, einmal dadurch, daß man sich die Grundwahrheiten aus Rudolf Steiners Welt- und Menschenkunde angecignet hat, zum andern, daß man ein anthroposophisch Strebender geworden ist. Man braucht deshalb in der Praxis nicht jederzeit Begriffe wie Ätherleib, Astralleib etc. einzuführen.

Ich stütze mich dabei auf einen Satz in eben diesem Vortrag vom 4. November 1910:

»Wir wollen, weil das ganz deutlich zu unterscheiden ist, diesen Strömungen im Seelenleben zwei Namen geben. Wenn ich jetzt so vor einem Publikum sprechen würde, als ob es gar keine geisteswissenschaftliche Bewegung gäbe, so würde ich möglichst sonderbare Namen wählen... Es kommt ja nicht auf die Namen an. Ich möchte in diesem Augenblick Namen wählen, in denen Sie wiedererkennen, was Sie schon von anderer Seite her kennengelernt haben... Namen aus der Geisteswissenschaft... Bezeichnen wir daher den Strom, der für den Moment unbewußte Vorstellungen birgt, der aus der Vergangenheit kommt und in die Zukunft fließt, als den Ätherleib, und den andern Strom, der von der Zukunft in die Vergangenheit geht, der sich mit dem ersteren staut und zum Schnitt bringt, als den Astralleib. Und was ist das Bewußtsein? Das sich gegenseitige Treffen des Astralleibs und des Ätherleibs.«

Und so mache ich es mit meinen Patienten: bei den einen belasse ich es bei den Begriffen Vergangenheit und Zukunft und Gegenwart, den »Geist« lasse ich nie aus, – bei anderen, die schon bei

Gelegenheit etwas von der Menschenkunde, den Wesensgliedern gehört haben – oder jetzt vielleicht etwas davon erfahren könnten –, kann auch das Wort Äther- oder Lebensleib oder Zeitenleib und Astralleib auftauchen.

Psychotherapie in unserem Sinne dient nicht nur zur Heilung oder Besserung quälender seelischer oder psychosomatischer Leiden, derentwegen die Patienten uns ja aufsuchen. Wir arbeiten, ob die Hilfesuchenden das wissen oder nicht, mit ihnen zusammen an der Umwandlung ihrer Wesensglieder. Ich weise hin auf die nachzulesenden Angaben Rudolf Steiners in der Theosophie[7], auf den 3. Vortrag des Budapester Zyklus von 1909 und den 7. Vortrag des Johannes-Evangeliums von 1908.[8] Da wird beschrieben, wie wir seit Ende der atlantischen Zeit unbewußt und mit der Hilfe höherer Wesenheiten einen Teil unseres Astralleibes umgewandelt haben zur Empfindungsseele, einen Teil des Ätherleibes zur Verstandesseele und einen Teil des physischen Leibes in die Bewußtseinsseele.

Nun aber müssen wir bewußt weiterarbeiten. Das tun wir auf dem Schulungsweg, zu dem ja auch die Selbsterkenntnis gehört. Der Patient tut es mit unserer Hilfe auf seinem Selbsterkenntnisweg.

Manchmal sage ich, halb scherzend, aber doch ernst gemeint, daß offenbar die seelische Not der Gegenwart den lieben Gott geradezu zwinge, einigen Menschen eine Neurose zuzuteilen, damit sie den Selbsterkenntnisweg gehen müßten, den sie vielleicht freiwillig nicht gegangen wären.

Denn indem wir am Astralleib und der Empfindungsseele vom Ich aus arbeiten, was wir ja vorwiegend in der Psychotherapie tun, legen wir bereits Keime zum *Geistselbst.* Und in der Arbeit am Ätherleib setzen wir erste Keime zum *Lebensgeist.* Das letztere müssen wir z. B. bei den Zwangsneurotikern immer wieder versuchen. Gewohnheiten zu ändern ist schon recht schwer, das wissen wir alle. Aber zum Zwang gewordene Gewohnheiten anzugehen, ist fast eine Sisyphus-Arbeit.

Wir wissen aus der Anthroposophie, daß unser Ich diese Arbeit leisten muß. Auf die Ich-Mitte weist mein Schema hin, auch darauf, wie schwer es ist, in seiner Mitte zu sein, andererseits aber auch, daß nur von dieser *Ich-Mitte* aus die Verbindung zu unserem höheren Ich gefunden werden kann und auch umgekehrt die Hilfe des Christus-Ich nur da hereinwirken kann.

Mit unseren Bemühungen wollen wir auch auf dem Gebiet der Tiefenpsychologie eine »Erweiterung der Heilkunst« im Sinne Rudolf Steiners versuchen. Wir glauben, daß die anthroposophische Menschenkunde Wertvolles zum Verständnis der gesunden und kranken Seele beitragen kann. Auch das Wissen um die beiden Widersacher-Mächte ist erfahrungsgemäß bei der Bearbeitung mancher Schuld-Komplexe, Phobien und dem Leiden an der Sinnlosigkeit des Lebens klärend und hilfreich. Das positive Wirken dieser beiden Prinzipien in Kultur und Zivilisation, im persönlichen Leben und in der Menschheitsgeschichte läßt klare Gesetzmäßigkeiten erkennen, was dem Patienten helfen kann, die von ihm erlebten »negativen Seiten« besser einzuordnen.

V. Therapeutische Traumarbeit als Vorstufe einer Hüterbegegnung

Über den Toren der alten Mysterienstätten stand schon das »Erkenne dich selbst!« Der Drang nach Selbsterkenntnis und Erkenntnis der übermateriellen Welt ist offenbar dem Menschen innewohnend. Und die Wege zu dem Ziel waren und sind nicht leicht. Der einzelne, der den Weg gehen will und sich strebend bemüht, entfaltet dabei sein *Ich*, mit dem er dann wieder anderen Menschen helfend zur Seite stehen kann.

In der Gegenwart bietet sich für die mitteleuropäische Menschheit als Schulungsweg insbesondere die Anthroposophie Rudolf Steiners an. Rudolf Steiner betont immer wieder die verschiedene Bewußtseinsart, die jeweils für die sinnliche und übersinnliche Welt maßgebend ist. Er spricht aber auch von der Täuschungsgefahr, die droht, wenn man mit seinem in der materiellen Welt nötigen Erkenntnisbewußtsein versucht, auf irgend welchen anderen Wegen, z. B. auch mit Hilfe von Drogen, sich in die übersinnliche Welt »einzuschleichen«.

Man muß an der Grenze, an der Schwelle, sich zuerst selbst erkennen, schonungslos in seinem ganzen, bisher gewordenen Sein. Das geschieht in einem Doppelgänger-Erlebnis, in dem dieser wesenhaft aus uns heraus – und uns gegenübertritt. Das *bewußte* Sich-Stellen diesem »Hüter der Schwelle« geschieht nach vorausgegangenen Übungen auf dem Initiationsweg. Den muß nicht jeder gehen, aber er steht heute jedem offen.

In unserem Zusammenhang liegt die Betonung auf der Unerläßlichkeit der Selbsterkenntnis. Ich zitiere Rudolf Steiner: »Zum richtigen vorbeikommen an dem Hüter der Schwelle ist durchaus notwendig, daß der Mensch in entsprechender Weise *Selbsterkenntnis* entwickelt, wirklich echte Selbsterkenntnis, rückhaltlose Selbsterkenntnis... Nichts ist eigentlich im Leben dem Menschen so schwer als wirkliche Selbsterkenntnis... man kann Menschen begegnen, welche in ihrem Oberbewußtsein fortwährend betonen, daß sie dies oder jenes in völliger Selbstlosigkeit tun, daß sie ganz und gar nichts für sich wollen. Wenn man Verständnis hat für solche Seelen, dann zeigt es sich oft, daß sie sich das zwar vormachen, daß sie aber in ihrem Unterbewußtsein vollständige Egoisten sind.«[1]

Und im gleichen Vortrag: »An der Schwelle zur geistigen Welt kann sich das wahre *Ich* kleiden in all das, was unsere Schwächen, unsere Mängel sind.« Diese begegnen uns im Doppelgänger. Rudolf Steiner betont öfter, daß der Schulungsweg für den gesunden Menschen ein Weg zu höheren Erkenntnissen ist, und daß der Schüler alles tun muß, um sein irdisches Selbstbewußtsein, seine Urteilskraft zu stärken; kurz: fest auf dem Boden der Wirklichkeit zu stehen, ehe er sich der Schwelle nähert. Der schmerzliche Selbsterkenntnis-Prozeß kann und soll in freier Entscheidung auf sich genommen werden.

Es gibt aber auch Menschen, die durch Krankheit, durch eine *Neurose* auf den Weg der Selbsterkenntnis getrieben werden. Sie brauchen dazu Hilfe. Solche finden sich bei mir als Patienten ein, und von einem solchen Menschen soll im folgenden berichtet werden.

Ob es sich nur um Zwangsängste, um Organneurosen, funktionelle vegetative Störungen mit psychischer Ätiologie, um neurotische Entwicklungsstörungen oder Depressionen handelt: sie leiden alle und wollen gesund werden und kommen zum Arzt, um Hilfe zu erlangen. Sie erfahren nun zumeist von ihm, daß er ihnen eine aktive Therapie anbietet, daß sie diese nicht ohne eigenes Zutun geschenkt bekommen. Und sie merken dann, daß es sich um einen Weg der Selbsterkenntnis handelt, den sie gehen *sollen.* Und wenn ihnen dabei aufgeht, daß die Neurose keine *Schande,* sondern eine *Chance* ist, dann *wollen* sie den Weg auch gehen.

Eine nächste Etappe ist, aus den gewonnenen Einsichten die Konsequenzen zu ziehen, d.h. sie im Leben in die Tat umzusetzen. Es handelt sich also nicht um die Selbsterkenntnis als quasi theoretische Bereicherung, sondern um eine Wandlung, um eine Ich-Entfaltung, die vollzogen werden muß.

Im Zusammenhang mit dem »Hüter der Schwelle« läßt Rudolf Steiner an anderer Stelle den Hüter in Gestalt des Doppelgängers sagen: »Du konntest mich schaffen, aber du hast damit auch zugleich die Pflicht übernommen, mich umzuschaffen.«[2]

In der Therapie, die ja allermeistens von Nichtanthroposophen gesucht wird, spreche ich nicht vom Doppelgänger, sondern vom Schatten. Dieser Ausdruck stammt von C. G. Jung, manchmal spricht er auch vom dunklen Bruder. Jung wird als ein Lehrer der Tiefenpsychologie von allen Patienten anerkannt, während sie der Anthroposophie gegenüber, besonders anfangs, manchmal Vorurteile haben, zumindest aber sich vor jeder neuen Weltanschauung fürchten. Der Begriff des Schattens oder des dunklen Bruders ist ihnen unmittelbar verständlich. Auf diesem Weg des »Umschaffens« verlieren die Kranken fast immer ihre jeweilige Symptomatik oder lernen wenigstens besser mit ihr umzugehen und werden lebenstüchtiger.

In das therapeutische Gespräch wird natürlich auch die ganze Biographie, das So-geworden-Sein und die gegenwärtige Problematik mit einbezogen. Kurz: alles, was dem Patienten bewußt ist und was er aus der Distanz und zu zweit richtiger sehen lernt, als zu der Zeit, da er emotional noch in die Lebensverhältnisse hineinverflochten war.

Hier in diesem Rahmen möchte ich mich – auch um der Durchsichtigkeit des Prozesses willen – begrenzen auf die Traumarbeit als die via regia ins Unbewußte, wo ja die Neurose ihren Sitz hat. Und noch einmal begrenzen auf die Art der therapeutischen Traumarbeit, die C. G. Jung die Subjektebene der Betrachtung genannt hat (vgl. auch S. 27 u. 42). Er sagt dazu:

»Unsere imagines sind die integralen Bestandteile unseres Geistes, und wenn unser Traum irgendwelche Vorstellungen reproduziert, so sind dies in erster Linie unsere Vorstellungen, in deren Bildung die Gesamtheit unseres Wesens verwoben ist. Es sind subjektive Faktoren, die im Traume nicht aus äußeren Gründen, sondern aus den intimsten Regungen unserer Seele heraus sich so oder so gruppieren und damit den oder jenen Sinn ausdrücken. Diese ganze Schöpfung ist im wesentlichen subjektiv, und der Traum ist jenes Theater, wo der Träumer Szene, Spieler, Souffleur, Regisseur, Autor, Publikum und Kritiker ist... Diese Deutung nimmt, wie der Name sagt, alle Figuren des Traumes als personifizierte Züge der Persönlichkeit des Träumers.«

Im Traume – es gibt natürlich auch nichtssagende und langweilige Träume oder solche mit vorwiegenden Tagesresten, von denen wir jetzt absehen wollen – erleben wir nicht nur Bilder: Imagines – auch Rudolf Steiner spricht von *unbewußten Imaginationen* im Traum-Erleben –, sondern auch einen dramatischen Ablauf dieser Bilderfolge. Ich kann in diesem meinem Innen-Theater, wo alles Vorkommende etwas von mir darstellt, Seiten in mir entdekken, im Positiven wie im Negativen, die mir vorher unbewußt waren, und ebenso kann ich helfende Hinweise finden, wie es weitergehen soll und kann, und was ich an mir ändern müßte. Das ist ganz ähnlich, wie wenn ich an der Gestalt des »Hüter-Doppelgängers« z.B. »häßliche Flecken« sehe. Das entspricht auch etwa dem, was Rudolf Steiner als moralisch-geistige Interpretation des Traumes anspricht.[3]

Nun möchte ich praktische Traum-Beispiele bringen unter dem Gesichtspunkt der Frage: Was gewinnt der Patient durch Verstehen der *Träume* an *Selbsterkenntnis*? Kann er sie als Hinweise für seine *innere Wandlung* benutzen?

Wiederum grenze ich ein. Ich wähle Träume einer einzigen Patientin, und zwar solche, die sich auf ihr Hauptproblem beziehen. Ich hoffe, so den Prozeß einer solchen Arbeit plastischer darstellen zu können. Zuvor die nötigsten Daten der Patientin X:

Es ist eine 52jährige Frau, welche seit ihrem 25. Jahr zunehmend an vielfältigen Phobien leidet (Angsthysterie). Sie ist unverheiratet, tüchtige kaufmännische Kraft in einem großen Betrieb, denkt aber von sich selbst, daß sie zu langsam arbeite und daß die Leute merken könnten, sie habe eine Neurose. Sie befürchtet eine zwangsmäßige Frühberentung, wo doch die Ängste immer noch im Geschäft erträglicher sind als daheim, an Wochenenden und im Urlaub. Sie weiß zwar, daß sie klug ist, schnell und kritisch denkt, aber für ebenso schnelles und souveränes Handeln scheint sie durch ihre narzißtischen Selbstbetrachtungen tatsächlich manchmal blockiert, was sie dann durch Überstunden nachholt. Denn sie ist – wie könnte es anders sein! – perfektionistisch gewissenhaft. Sie hätte gerne mehr gelernt und wäre durchaus vom Verstand her zu einem Studium fähig gewesen. Aber in der Nachkriegszeit und bei einem sehr autoritären Vater – sie ist erstes Kind und einzige Tochter – kam das gar nicht in Frage. Der noch lebende Vater ist gefühlsmäßig heute noch Autorität für sie, obwohl sie ihn verstandesmäßig durchschaut und sein Benehmen oft nicht gutheißen kann. Das Erstaunliche ist ja bei fast allen Patienten, daß sie das, was sie an ihren jeweiligen Bezugspersonen tadeln, selbst introjizieren und genau so handeln. Wir sprechen da oft vom »inneren Vater«, der nun wiederum auf andere wirkliche oder vermeintliche Autoritäten projiziert wird. Dieser Vater war also von Anfang an ein Bild für eine Animusgestalt.

Es sei hier noch einmal kurz erläutert: Bei der Frau ist ihre seelische Seite männlich (Animus) tingiert, beim Mann weiblich (Anima). Das ist primär nicht ein Erinnerungsbild von Realerlebnissen, sondern eine innere Struktur. Rudolf Steiner spricht ja auch bei der Frau von einem männlichen Ätherleib und beim Mann von einem weiblichen. Das soll nun aber nicht heißen: Anima gleich männlicher Ätherleib und und umgekehrt, sondern nur dem Verständnis dienen (vgl. auch S. 49 u. 67).

Ich-Entfaltung (Jung spricht hier von Individuation) meint Entfaltung des ganzen *Menschen.* Das heißt, das Ziel ist nicht nur, ein ganzer Mann oder eine ganze Frau zu werden – das wird man nebenbei auch! – (ich pflege da manchmal zu sagen: Männchen oder Weibchen genügt nicht). Die jeweils »andere« Seite sollte vielmehr ergänzend integriert werden, statt aus dem Unbewußten heraus zu stören.

Aus dieser kurzen Charakterisierung wird deutlich, daß bei einer Frau mit einer Vater- oder Partner-Problematik die Animus-

Seite eine große Rolle spielt und ins Gleichgewicht gebracht werden muß.

Nun also zum ersten der Träume:

»Es ist eine Art *Schule für Erwachsene.* Der Lehrer will ein Lied vorgesungen haben, und anstelle eines Mädchens, das es gelernt hat, also können muß, fordert er einen jungen Mann auf, der neben mir sitzt, etwas dicklich, schwarze Haare. Es geht ihm sofort ganz schlecht. Ich sage diesem Lehrer, daß er das nicht verkraftet. Er ist nur halb bei sich. Ich merke, jetzt muß man ihn zum Gehen bringen. Ich laufe mit ihm um die Klasse herum, halte ihn aber ungeschickt, mit verschränkten Armen. Jemand ruft mir zu, ich müsse ihn einhaken. Ich tue das, bin aber unmutig über diese Einmischung, weil ich das mir nicht sagen lassen will, von irgendwem. Der junge Mann trieft aus dem Munde, und plötzlich hängt er zum Fenster hinaus, ziemlich waagerecht, mit dem Kopf nach unten. Ich kann ihn gerade noch an einem Fuß fassen und halten, sonst wäre er in die Tiefe gestürzt. Der Schreck ist mir in alle Knochen gefahren und ich sage ihm, wie leichtsinnig das war.«

Wir wollen nun den Traum betrachten, so wie es sich uns im gemeinsamen Gespräch ergeben hat:

Agierende Personen sind – außer der Klasse, also den »Leuten«, die ja bei vielen Neurotikern wichtig sind – das Ich der Patientin, der Lehrer, der junge Mann und das junge Mädchen. Alle stellen Seelen-Seiten der »Individualität« der Träumerin dar. Auch die Schule für Erwachsene: sie will ja lernen, mit ihren Ängsten umzugehen, bzw. die darin gefangenen Kräfte freizubekommen und geht deshalb zu mir »in die Schule«. Das Mädchen in ihr hätte das Lied singen können. Die Träumerin kann tatsächlich gut und sicher intonierend singen und hat Freude daran. Das Mädchen stellt also eine gesunde Seite in ihr dar. Aber im realen Leben wagt sie oft nicht zu singen, weil es jemand hören und es ihn stören könnte.

Und wir erfahren auch, warum das Mädchen nicht zum Zuge kommt: der »Lehrer« fordert weder das Mädchen noch das Ich der Träumerin auf, sondern einen jungen Mann. Der Lehrer hat etwas von der Art des autoritären Vaters, der stur handelt und die vorhandenen Möglichkeiten nicht sieht.

Der junge Mann – die andere Animusgestalt - wird im Verlaufe des Seelendramas zum Behinderten. Es geht ihm sofort, als er etwas Schönes leisten soll, »schlecht«. Das ist ein Ausdruck, den die Patientin oft benutzt, wenn sie von ihren Zwangsängsten erzählt. Nun greift ihr *Ich* ein. Sie wagt dem Lehrer zu sagen, daß es so nicht gehe, und weiß auch, was zu tun ist, damit der Junge nicht vollends bewußtlos wird, also nicht wieder ganz ins Unbewußte absinkt. Sie bringt ihn – das heißt die positive Animus-Möglichkeit, die sie als behindert erlebt – *in Bewegung*. Es sind also zwei männliche Seiten in ihr, die miteinander nicht zurechtkommen, so daß kein Lied, keine Harmonie entsteht. Gegen den »Lehrer«, der ihren kritischen Verstand, ihre introjizierte Vaterseite personifiziert, kommt die jüngere, zukunftstragende »männliche« Sicherheit nicht an. Die Animus-Seite soll bei der Frau ihre »Weiblichkeit« ergänzen, nicht ihre Kräfte in sich verpuffen lassen.

Ihr Ich weiß auch, daß die jüngere Frau in ihr das Lied gekonnt hätte. Das Weibliche in ihr ist noch »ein junges Mädchen«. Es ist in ihr gar nicht richtig zur Entfaltung gekommen. Bis ins äußere Benehmen hinein hat Frau X. noch etwas Backfischhaftes, weil ja der introjizierte Vater das Sagen hat. Deshalb bleibt ihre an sich schöne wesentliche weibliche Seite »ein *junges Mädchen*«.

Im Traumgeschehen geht nun das Handeln an ihr Ich über, das Ich der *erwachsenen Frau,* die sieht wo und wie man helfen muß. Diese Frau ist real – soweit nicht durch die Angstneurose behindert – ein sozial eingestellter, liebevoller Mensch, der hilfreich sein will. Deshalb leidet sie auch darunter, daß Zeit und Kräfte vergeudet werden durch ihr Fixiert-Sein an ihre Ängste. Das Ich weiß und handelt, sogar spontan und geistesgegenwärtig. Aber es hält den in Gang zu bringenden jungen Mann, also die positive Animus-Seite, noch ungeschickt: mit verschränkten Armen. Jemand – der ist ja auch in ihr! – ruft ihrem Ich zu, wie es richtig wäre, was verstandesmäßig eingesehen wird, aber doch als unerträgliche Kritik aufgefaßt wird. Auch im Leben verträgt ihr Perfektionismus keine, wenn auch noch so freundliche Kritik.

Schließlich ist es ja auch eine Zumutung, mit dem nun aus dem Munde triefenden Jungen Arm in Arm zu gehen! Bis zu einem schönen *Menschenpaar*, das heißt einem ganzen Menschen mit weiblichen und männlichen Eigenschaften und Fähigkeiten, ist es noch weithin. Und um ein Haar hätte er sich in die Tiefe gestürzt! Bei Selbstmordgedanken der Patientin in früheren Jahren waren die letzten Vorstellungen: sich hinabzustürzen, sich zu zerschmettern. Aber jetzt im Traum-Drama ist ihr Ich stärker: es packt den, der positiv zu integrieren ist, am Fuß.

Alles in allem bringt dieser Traum bei der gemeinsamen Betrachtung viele Erkenntnisse für Frau X.: ihre Animus-Seiten – sowohl die autoritäre des introjizierten Vaters wie die mögliche zukünftige–, das Positive ihrer weiblichen Seite, und vor allem den prospektiven Hinweis auf ihr jetzt schon rettend eingreifendes Ich. Wir dürfen nicht vergessen, daß Frau X. auch der *Autor* des sich zwar noch im Unbewußten abspielenden Seelen-Dramas ist. Anders ausgedrückt: ihr Ich und ihr Astralleib vermitteln ihr in dem bildhaften Traum-Ablauf etwas aus der *höheren Weisheit* der geistigen Welt, in welche sie Einblick haben, während der Mensch schläft. Das Übersetzen und Verstehen der Bilder in ihrem Aufforderungscharakter, nicht bei der Erkenntnis stehenzubleiben, sondern diese ins wache tägliche Leben hineinzubringen: das ist die Aufgabe der gemeinsamen therapeutischen Arbeit.

Der Traum kann eine Ermutigung bedeuten, mehr als ein Zureden von außen, weil er aus der Patientin selber kommt. Der Weg der Realisierung ist – wie für uns alle – schwer; er wird aber schon tapfer zu gehen versucht.

Bisher haben wir den jungen Mann in seiner Bedeutung als Animusgestalt gesehen. Bei dieser Patientin ist diese Problematik des Männlich-Weiblichen ganz besonders wichtig und taucht immer wieder in den Träumen auf. Aber das Arm-in-Arm-Gehen »mit dem Behinderten in ihr« bedeutet ja auch – und die Patientin versteht es auch so – ein Annehmen ihrer Neurose, die sie noch als eine zu verbergende Schattenseite empfindet. Nur was man akzeptiert, kann man verwandeln!

Um den therapeutischen Prozeß etwas deutlicher zu machen, wähle ich mit Absicht mehrere Träume, die vorwiegend das Thema des Weiblich-Männlichen beleuchten. Ich bringe sie in der Reihenfolge, wie sie geträumt wurden, und lasse andere, die dazwischen kamen, aus.

Nachdem die Patientin in einer Nacht direkt vom Vater geträumt hatte, wobei er sie autoritär zwang, zu Hause noch vor dem Büro nach seinen Angaben zu arbeiten, kam folgender Traum, der auch wieder das Problem des Männlich-Weiblichen aufgreift:

»Ich begegne auf der Treppe dem verheirateten Mann mit seiner Freundin, und es sagt in mir: Jetzt ist die Zeit gekommen, daß er seine Frau umbringen wird, damit er im Hause bleiben kann und frei ist für die andere. Unten beim Mittagessen mischt er eine dunkelrote Masse in ein Törtchen und stellt es auf Nancys Platz. Ich habe zwar große Angst vor dem Mann, aber ich überlege: wenn ich Nancy nicht warne, bin ich auch ein Mörder. Ich gehe nochmals auf mein Zimmer und begegne zum Glück Nancy auf der Treppe. Sie ist zum Ausgehen angezogen, langes Kleid; in dieser heiteren Stimmung trifft sie meine Ankündigung furchtbar hart. Bleich und erschrocken geht sie weiter. Ich habe Sorge, daß sie sich verrät. Sie ißt nichts und geht nicht mit ihm aus. Das Törtchen als Beweismaterial gegen den Mann ist verschwunden. Sie will über Nacht nicht mehr mit ihm im selben Zimmer sein. Ich selber habe immer Angst, daß der Mann entdeckt, daß ich mich da reingemischt habe. Nancys Mutter genehmigt,daß sie in einem anderen Zimmer des Hauses schlafen kann. Dadurch wird in mein Zimmer eine blonde junge Frau einquartiert.«

Hier geht es um einen Mann, der seine Frau umbringen will. Er stellt eine negative Animus-Gestalt dar, die die Frau in ihr töten will. Sie fühlt sich dieser Nancy freundschaftlich verbunden. Es ist im Traum sogar eine überraschend elegante und heitere Frau, zum Ausgehen bereit, also eine weibliche Seite in der Träumerin, diesie gerne leben würde, wenn sie könnte und nicht durch ihre Ängste so eingeengt wäre. Real ist die Patientin dadurch kontaktscheu, leidet unter ihrer Einsamkeit und empfindet diese noch als Makel.

Wieder greift das Ich im Traum unter Überwindung der Angst ein. Es ahnt und findet diese Ahnung bestätigt, daß der Mann, also die männliche Seite in ihr, die noch ungelebte Frauenseite morden will, hinterrücks. Ihr Ich warnt und rettet diese, die sich vom »bösen Mann« trennt.

Es taucht noch eine weibliche, mütterliche Seite in ihr auf: Nancys Mutter, die die Trennung vom »bösen Animus« gut heißt und unterstützt; das hat zur Folge, daß in das Zimmer des Traum-Ichs eine blonde junge Frau als Verstärkung der Weiblichkeit einquartiert wird.

Eine Ich-Tat bringt eine Ermutigung in der weiblich-männlichen Auseinandersetzung in der Richtung, daß Frau X. zu ihrer *weiblichen Selbstidentifikation* kommen kann.

Ein weiterer Traum, der dieselbe Thematik behandelt, ist dieser:

»Ich sitze an einem Tisch meinem Vater gegenüber und lerne. Ich bin fix und fertig. Ich kann nicht lernen (lesen und schreiben), wenn er mir gegenübersitzt. – Meine Eltern wollen spazierengehen. Ich will mich ihnen anschließen, trete aus dem Hause und bemerke mit Schrecken, ich habe ja drei rote Sachen an, außer dem Kleid auch noch die Strümpfe! das kann man so nicht lassen, ich muß mich umziehen.«

Nun ist es der Vater selbst, der sie ja durch sein An-sich-Binden und durch sein autoritäres Wesen daran gehindert hatte, ihre weibliche Selbstidentifikation zu finden, der im Traume störend auftritt. Wie von Jugend an, genügt schon sein Gegenübersitzen, um ihr das Lernen unmöglich zu machen. Lernen war und ist für sie der Inbegriff des zu erstrebenden Lebens. In dem Traumbild werden ihr vom Unbewußten her noch einmal deutlich wesentliche Wurzeln ihrer Neurose ins Bewußtsein gebracht. Aber auch, daß sie heute noch aus dieser Situation heraus sofort wieder zum »kleinen Mädchen« regrediert und sich den Eltern, die spazierengehen wollen, sofort gehorsam anschließt. So stark ist die innere Abhängigkeit von den Eltern zur Zeit dieses Traumes noch, daß Frau X. ganz erstaunt war, als ich sagte: »Und auf den Gedanken ›gottseidank, daß die fort wollen, jetzt kann ich richtig lernen‹, sind Sie nicht gekommen?« »Ja, das wär's gewesen!« – Immerhin merkt sie, daß sie unpassend angezogen ist – vielleicht deuten die verschiedenen Rot-Farben auf das emotionale Mißverhältnis in der Beziehung. Und sie sagt: Das kann man so nicht lassen, ich muß mich umziehen. Mit dem »Umziehen« ist Frau X. seither sehr beschäftigt.

Man möchte kaum glauben, daß ein erwachsener Mensch mit so gutem Verstand und in vielen Bereichen auch guter Urteilsfähigkeit in seiner Vaterbeziehung sich heute noch so kleinmädchenhaft verhält. Frau X. ist zwar mit über 40 Jahren aus der elterlichen Wohnung ausgezogen, um endlich selbständig zu werden. Aber den introjizierten Vater hat sie mitgenommen, so daß sie praktisch heute, nach Jahren, noch nicht wirklich in die eigene Wohnung eingezogen ist. Sie wagt noch nicht, sich frei darin zu bewegen, Radio zu hören, selbst Musik zu machen oder anders als in Pantoffeln umherzugehen, weil der auf den Hauswirt projizierte »innere Vater« sein: du darfst nicht! spricht. Schließlich ist unter anderem der unbewußte Zweck ihrer Angstneurose auch der: »Vater, du kannst doch dein kleines Mädchen nicht im Stiche lassen, ich brauche dich noch...« Und das kommt *seiner* Bindung an sie entgegen.

Frau X. ist es ganz *bewußt* – und das spricht sie auch aus –, daß sie als sichere Zufluchtsstätte nur ihr Elternhaus hat. Sie denkt mit Sorge daran, daß Vater oder Mutter oder beide sterben könnten, »solange ich sie noch so brauche«, das heißt, solange sie nicht gesund ist. Andererseits ist ihre noch größere Sorge, daß die Mutter vor dem Vater sterben könnte – diese ist mehrere Jahre älter als er – und daß ihr Vater sie dann zwingen würde, sich sofort berenten zu lassen, um ihn zu versorgen.

Erst seit unserer therapeutischen Arbeit wird der Patientin Stück für Stück bewußt, wie sehr ihre neurotischen Ängste mit ihrer Vaterbindung zusammenhängen; sie hat ja nicht nur Angst, wenn sie mal *allein* im Hause sein muß, z. B. in den großen Ferien, sondern sie leidet auch unter Zwangsängsten, die zunächst mit ihrer Schutzbedürftigkeit nichts zu tun zu haben scheinen, wie Lärmangst, Mäuseangst, Angst vor Gerüsten etc. Sie ist nicht, *weil* sie Ängste hat, auf ihre Eltern angewiesen, sondern sie hat Ängste, um einen Grund zu haben, Vaters kleines Mädchen zu bleiben, ihn zu brauchen. Sie weiß sich jetzt in der Entscheidung, innerlich den Vater und damit die Neurose »loszulassen«. Das betrifft nicht nur den leiblichen Vater, sondern alle introjizierten Vaterfiguren.

Ich möchte nun noch einen letzten Traum bringen, der zeigt, wie sehr Frau X. sich von allem »Männlichen« bedrängt fühlt: »Da ist ein langer Gang, links nur Wand, keine Fenster, rechts Türen. Ein Mann zieht mich an den Schultern zu sich heran mit drohender Gebärde und geht mit mir den Gang entlang, ich rückwärts. Ich schreie immer wieder um Hilfe, sobald da ein Mann steht; es sind mindestens fünf bis sieben, aber keiner kümmert sich um mich. Sie sehen alle so ähnlich aus wie der vor mir, aufgedunsene Gesichter, etwas primitiv.

Am Ende in einem Zimmer, ich arbeite etwas und jemand wie mein kleiner Bruder (dieser ist mit angeborenem Herzfehler immer zart gewesen und im Alter von 15 Jahren gestorben, von der Träumerin sehr geliebt) ist auch da. Hier und auch wieder im Freien taucht immer wieder vor mir Kopf und aufgerichteter Oberkörper einer *Schlange* auf. Ich denke den Namen Kobra. Sie ist mir einerseits unheimlich, andererseits merke ich im Laufe der Zeit, daß sie mir gegen den Mann helfen wird. Die Farbe der Schlange ist indifferent, manchmal wie ein weißer Schatten, manchmal dunkler.«

Wieder begegnet Frau X. einem gefährlichen, diesmal ihr Ich direkt bedrängenden Mann. Er zieht sie nahe an sich und schiebt sie vor sich her, sie muß rückwärts gehen. Es ist also ein negativer Animus-Aspekt. Er treibt sie einen langen, fensterlosen – aussichtslosen – Gang *zurück.* Auf diesem dunklen Weg stehen mehrere solche Männer, vervielfachen die Bedrängnis und können ihr nicht helfen, obwohl die Träumerin sie um Hilfe anruft. C. G. Jung spricht oft von einer Reihe von Animus-Gestalten bei der Frau, während die Anima des Mannes gewöhnlich einzeln auftritt. Im Positiven können diese etwa die verschiedenen Standpunkte darstellen, die zu einer richtigen Beurteilung führen, im Negativen oft die sich widersprechenden Meinungen, hier aber das Geballte, Unterdrückende des Männlichen im Seelenleben der Patientin, das im Traumdrama »aussichtslos« immer wieder auftaucht und erschreckt.

Das »Zurück« meint sicher nicht nur ein räumliches, sondern auch ein zeitliches Zurückgehen. Denn die Träumerin trifft am Ende eine ganz andere männliche Gestalt: den kleinen Bruder, den sie während der Kriegszeit in ihrer Jugend mütterlich betreute. Auf der Objektebene ist es eine positive Begegnung mit einem geliebten Menschen aus einer Zeit, da sie gesund war und in kriegsbedingter Abwesenheit des Vaters sich anfänglich in ihrer Weiblichkeit entfalten konnte. Auf der Subjektebene ist alles Wachsende, Werdende gleichzeitig auch eine zukünftige *Möglichkeit.*

Und dann *im Freien* – im Gegensatz zum dunklen Gang – die Begegnung mit der Schlange, die sich vor dem Leib der Träumerin aufrichtet. Ihr *Ich* weiß bereits im Traum, daß diese nicht nur unheimlich ist, sondern eine Hilfe in ihrer Auseinandersetzung mit dem Männlichen in ihr sein wird. Frau X. erinnert sich auch gleich daran, wie sehr sie unter ihren, gerade so wie die Schlange aufsteigenden Hitzen leidet. Diese hatte sie schon lange vor Entfernung des myomatösen Uterus, und sie wird auch heute noch körperlich-seelisch durch diese Beschwerden ganz aus dem Gleichgewicht gebracht, so daß sie oft kaltes Wasser in ihren Büstenhalter schüttet, einfach um im Büro weiterarbeiten zu können. Wir denken auch an die »Kundalini-Schlange«. Nach alter indischer Weisheit gliedert sich der Seelenorganismus in sogenannte Chakren oder Lotusblumen. Auch Rudolf Steiner beschreibt das in seinem Werk »Wie erlangt man Erkenntnisse der höheren Welten« und stellt dar, wie man bewußt an diesen Chakren arbeiten kann, um sie »in

Bewegung« zu bringen. In der indischen Lehre hängt diese Arbeit bildhaft mit der Kundalini-Schlange zusammen, die im untersten der Chakren schläft, erwacht und dann von unten nach oben die »Blumenblätter« oder »Räder« in Bewegung bringt, sie belebt. Sie symbolisiert den Einweihungsweg und damit auch den Weg vom Unbewußten, bzw. vom Traumbewußtsein zum hellen Tagesbewußtsein. Der Weg endet am *Ich-Punkt* der Stirne zwischen den Augen.

Bei unserer Frau X. hatte die einseitig entwickelte, »männliche« Kopfpolseite keine natürliche und gesunde Verbindung zu der unterdrückten, abgeschnittenen Vitalpolseite, das heißt auch zu ihrer Weiblichkeit. In dem einen Traum sollte diese sogar ermordet werden! Schon im Traum empfindet das Ich der Träumerin die Schlange zwar als unheimlich – alles Fremde ist zunächst oft erschreckend–, aber auch als Hilfe gegen die »bösen Männer«. Sie wird ihr also ahnungsweise bereits zur Aeskulap-Schlange, zur *Heil-Schlange.*

Die Schlange erscheint oft als Symbol der Klugheit, der Menschenweisheit. So schildert Rudolf Steiner, daß in der Laokoongruppe durch die Schlange dargestellt wird, wie die Priesterweisheit des alten Troja durch menschliche Klugheit und Menschenweisheit überwunden wird. Hier, bei Frau X., geht es uns um *die* Weisheit, die wir zur Selbsterkenntnis brauchen. Die kritische Intelligenz ist nicht gemeint, diese hat bisher immer schon gewußt, wie dumm die Ängste sind, ohne etwas daran ändern zu können.

Zur Heilschlange wird die Traumschlange hier erst, wenn sie die beiden Pole, den Kopf- und den Vitalpol, zu verbinden weiß. Das kann nur geschehen, wenn die *Mitte* gepflegt wird. Man kann es auch anders ausdrücken: »durch Harmonie im Denken, Fühlen, Wollen«. Bisher lagen Denken und Wollen – ob letzteres nun ein »zu viel Unmögliches Wollen« oder die Unfähigkeit zum Wollen war – miteinander in Streit und ließen keinen Platz für den Gefühlsbereich, der der Patientin angemessen gewesen wäre. Hier liegen die praktischen Ansätze zur Verarbeitung der gewonnenen Erkenntnisse.

Mit der Darstellung dieser Traumarbeit sollte keine Fall-Beschreibung gegeben werden, sondern meiner einleitend erwähnten Intention gemäß ein Zentralproblem einer Patientin dargelegt werden, die noch in Behandlung ist, um anhand ihrer Träume der Frage nachzugehen, ob diese uns zur Selbsterkenntnis verhelfen können. Den »Hüter der Schwelle« habe ich fast ausschließlich als den Aufforderer zur Selbsterkenntnis gesehen.

Nach Rudolf Steiner ist die *Schwelle zur* geistigen Welt[4] unabdingbar, denn der Geistesschüler muß zuerst einmal lernen, das Gefühl der Angst zu ertragen, das eintritt, wenn die Stützen des physischen Leibes verloren sind. Deshalb verwehrt der Hüter den Übergang und fordert zuerst die Selbsterkenntnis. Das tut er in seiner Eigenschaft als aus uns heraustretende Doppelgängergestalt, die uns vor noch nicht zu Ertragendem behütet. Unbewußt erleben wir all dies im Schlafe, auch die Tatsache, daß der Christus, der »große Hüter«, uns zum Führer aus der Ängstlichkeit heraus werden kann. Das gehört zum geregelten Initiationsweg für den, der ihn sucht.

Bei unseren Neurotikern liegt die Sache so, daß sie *wegen* ihrer Ängste zu uns kommen. Die Angst ist ihnen als solche entweder durchaus bewußt, oder sie versteckt sich in einem Krankheitssymptom. Die *Quellen der Angst aber sind den Kranken unbewußt, und sie werden auf dem therapeutischen Erkenntnisweg bewußt gemacht. Die Patienten müssen* also die vom »kleinen Hüter« geforderte Selbsterkenntnis unerbittlich üben.

Wenn alles gut und richtig verläuft, verlieren sie dann das nun nicht mehr nötige Krankheitssymptom und vermögen dem »großen Hüter« zu begegnen.

VI. Zum Schattenproblem in der Psychotherapie

Den Begriff des *Schattens* hat C. G. Jung in die Psychologie eingeführt. Er hat oft darüber geschrieben und gesprochen, weil die Begegnung mit dem Schatten zur Selbsterkenntnis unerläßlich ist. Jungs Psychotherapie ist ein Erkenntnisweg.

Ich zitiere aus einem Vortrag, den ich 1934 selbst miterlebt habe (bei einer Eranos-Tagung): »Das Wasser ist das geläufigste Symbol für das Unbewußte... Wer in den Spiegel des Wassers blickt, sieht zunächst sein eigenes Bild. Wer zu sich selber geht, riskiert die Begegnung mit sich selbst. Der Spiegel schmeichelt nicht, er zeigt getreu, was in ihn hineinschaut, nämlich jenes Gesicht, das wir der Welt nie zeigen, weil wir es durch die Persona, die Maske des Schauspielers, verhüllen. Der Spiegel aber liegt hinter der Maske und zeigt das wahre Gesicht. Das ist die erste Mutprobe auf dem inneren Wege, eine Probe, die genügt, um die meisten abzuschrecken...

Die Begegnung mit sich selbst ist die Begegnung mit dem eigenen Schatten. Der Schatten ist allerdings ein Engpaß, ein schmales Tor, dessen peinliche Enge keinem erspart bleibt, welcher in den tiefen Brunnen hinuntersteigt. Man muß aber sich selber kennenlernen, damit man weiß, wer man ist. Denn das, was nach dem Tore kommt, ist unerwarteterweise eine grenzenlose Weite voll unerhörter Unbestimmtheit, kein Innen und kein Außen, kein Oben und kein Unten, kein Hier und kein Dort, kein Mein und kein Dein, kein Gutes und kein Böses... ein Reich, wo ich untrennbar dieses und jenes bin und dieses und jenes *Ich* sind, wo ich den anderen in mir erlebe und der andere als Ich mich erlebt.«

Es ist ganz deutlich, daß sich in dieser Beschreibung Anklänge finden an das, was Rudolf Steiner vom Hüter der Schwelle in seiner Doppelgängergestalt sagt. Aber auch in der Schilderung dessen, was *nach* dem schmalen Tor kommt, liegt etwas Wesensverwandtes zu Rudolf Steiners Darlegungen von der elementarischen Welt, der untersten Stufe der geistigen, der übersinnlichen Welt. Man erkennt den engen Zusammenhang von *Angst* und *Schattenbegegnung* an dem »schmalen Tor« Jungs und der »Schwelle« Steiners. Er wird in jeder tiefenpsychologischen Therapie evident.

Man kann das Schatten-Problem von verschiedenen Seiten aus angehen. Ein geordneter und wissenschaftlicher Weg ginge vielleicht von der Feststellung aus: Selbsterkenntnis ist in der Psychotherapie nötig. Dabei ist die Begegnung mit dem eigenen Schatten unerläßlich.

Ich möchte heute einmal anders herum anfangen, nämlich mit der Angst. In der Praxis arbeitet man keineswegs mit einem festen Plan, nach dem der Patient geführt wird, sondern läßt sich von dessen Nöten und Notwendigkeiten leiten. Um Mißverständnissen zuvorzukommen: nicht die Angst ist der Schatten, ich meine die Angst, die an dem zitierten »schmalen Tor«, bzw. an der »Schwelle« auftritt –, das *Wahrnehmen* des Schattens macht Angst. Und der Schatten besteht nur zum kleinsten Teil aus den uns bewußten »Schattenseiten« unserer Person, er ist vielmehr – nach Jung – ein Archetypus, also eine Gestalt aus dem Unbewußten.

Im Johannes-Evangelium heißt es: »In der Welt habt ihr Angst, aber seid getrost, Ich habe die Welt überwunden« (Joh. 16,33). Das Zurückschrecken vor dem eigenen Schatten an der Schwelle verlangt in meinem Zitat von Jung eine *Mutprobe*, an anderer Stelle nennt er die Begegnung eine moralische Leistung.

Das Zurücksehnen in eine heile Welt, ins Paradies, das bei fast jedem Patienten vorkommt – sei es in das Paradies der allerersten Kindheit, ob erlebt oder gerade nicht erlebt, oder in eine erträumte schönere Welt –, ist immer ein Angstphänomen, Angst vor der uns umgebenden realen irdischen Welt. In der Menschheitsevolution geschieht das eigentliche »Körperlich-Werden« und die Ausstoßung aus dem Paradies gleichzeitig. Nur irdische Körper werfen einen Schatten. Gespenster einerseits und Engel, die als unterstes Wesensglied der höheren Hierarchien keinen physischen Leib haben, haben auch keinen Schatten. Das Verbinden des *Ich* mit dem *physischen Leib,* der zum Schattenwurf fähig ist, ermöglicht erst das volle Hereintreten in die physische Welt. Diese Bindung bringt aber auch unweigerlich den Schatten *und* die Angst als Erlebnis mit.

Die Lebenskunst besteht unter anderem darin, mit der Angst zu leben. Das bedeutet gleichzeitig, den Schatten, den man als verkörperter Mensch wirft, *anzunehmen.* Den Schatten annehmen, also die Tatsache akzeptieren, daß man Schattenseiten an sich hat, das ist nach Jung eine moralische Leistung. Es ist also alles andere als Resignation in Passivität. Man muß den Schatten nicht nur annehmen, sondern aktiv mit ihm umgehen lernen.

In der Praxis ist die Frage des Schattens ein Thema mit unzähligen Variationen. Es ist nicht nur inhaltlich bei verschiedenen Patienten verschieden, sondern es taucht auch zu verschiedenen Zeiten im Laufe der therapeutischen Arbeit auf und kann oft erst zu einem späteren Zeitpunkt wirklich ernsthaft bearbeitet werden, wenn das Ich soweit gekräftigt ist, daß es zu der geforderten moralischen Leistung fähig ist.

Jung sagt in anderen Zusammenhängen einmal: »Einen Menschen seinem Schatten gegenüberstellen, heißt ihm auch sein Lichtes zeigen. Wer zugleich seinen Schatten *und* sein Lichtes wahrnimmt, sieht sich von zwei Seiten, und damit kommt er in die Mitte.«

Auf dem therapeutischen Erkenntnisweg blickt man immer wieder in jenen anfangs zitierten Spiegel. Um aber in dem Spiegel die »häßlichen Flecken«, von denen Rudolf Steiner bei der Hüterbegegnung in seiner Doppelgängergestalt spricht, nicht sehen zu müssen, projizieren wir blitzschnell und unbewußt den Schatten in die Außenwelt. Das *machen* wir nicht; die Projektionen machen wir nicht, wir finden sie vor. Und das Projizierende ist das Unbewußte, nicht der bewußte Mensch.

Es ist immer sehr schwer, seinen Patienten – eigentlich allen Menschen – das Wesen der Projektion klarzumachen, eben weil wir nicht bewußt projizieren. Und in diesem unbewußten Vorgang findet sich, wie von selbst, der geeignete Projektionsträger. So hat der Patient fast immer recht, wenn er sagt: »Aber dieser Mensch *ist* doch so, ich dichte ihm das nicht an.« Ich antworte dann etwa: »Freilich, aber uns geht es ja jetzt nicht um eine Charakterisierung des Herrn X., sondern um die Frage, ob Sie irgend etwas in seinem Verhalten, in seiner Art, über die Sie sich ärgern, auch in sich selbst wahrnehmen können. Sie hängen etwas von sich unbewußt an diesem Menschen auf.« – Meist hat man aus früheren Gesprächen oder aus Träumen ein Beispiel zur Hand, wo sich der Patient ähnlich verhalten hat. – »Sie würden ja auch nicht einen Herrenfrack auf einem Kinderkleiderbügel aufhängen wollen. Ihr Unbewußtes ist nicht dümmer.«

Am besten läßt sich die Projektion in Bildern verständlich machen. Und da bietet sich das bekannte Bild aus dem Evangelium von dem Splitter und dem Balken an. Es besagt ja, daß man den Splitter in dem Auge des anderen sieht, nicht aber den Balken im eigenen Auge. In diesem Bild scheint einem der Vorgang leicht faßbar, weil er als ein bewußter angenommen wird. In der Wirklichkeit ist das Erkennen und das Zurücknehmen der Projektion weitaus schwieriger. Und der Patient fragt mit Recht: »Wie soll ich das denn merken?« Hilfreich ist dann vielleicht der Hinweis, sich doch in der Begegnung mit einem »Ärgerlich«, auf den man emotional reagiert oder reagieren möchte, einmal zu fragen: Wo sitzt denn dieser in mir? So lernt man praktisch, seine Projektionen zurückholen, das heißt gleichzeitig, an seinem Schatten zu arbeiten. Bei dieser Arbeit haben wir unseren Patienten in Geduld zu helfen.

In der psychotherapeutischen Praxis gehört die Arbeit am Schatten und an den Projektionen eng zusammen. Im Zeitalter der Bewußtseinsseele (Steiner) und der notwendig werdenden Individuation des Menschen (Jung) können wir es uns nicht mehr leisten, einer »Sündenbock-Psychologie« nachzuhängen, bzw. wir sollten dies nicht mehr tun. Bekanntlich wurden in früheren Zeiten einer Gruppenseelenhaftigkeit legale Rituale zur Befreiung von der Sünde, vom Dunklen, vom Schlechten vollzogen. Man lud die Sünden des Volkes auf einen Bock und dieser wurde in die Wüste gejagt oder sonst auf irgendeine Weise bestraft.

Wir sollten in warnender Erinnerung behalten, was im Dritten Reich geschehen ist. Alles Schlechte und Negative wurde in die Kommunisten und besonders in die Juden hineingesehen. Sie wurden erniedrigt, bestraft und ausgerottet. Die Juden schienen ein besonders geeigneter Projektionsträger zu sein. Für die Deutschen wurde das hochwertige »Germanische« oder »Arische« in Anspruch genommen, Rassenreinheit wurde geradezu befohlen, während im Grunde in kaum einem anderen Volk so sehr wie bei den Juden vor der Zeitenwende auf Rassenreinheit geachtet wurde. Damals mit dem Sinn, für den zu erwartenden Messias die richtige menschliche Inkarnationsgrundlage zu schaffen. Die Deutschen taten also das Gleiche wie das von ihnen verachtete Volk.

Beim Schattenproblem haben wir es in der Psychotherapie neben dem Zurücknehmen der Projektionen auch mit den *Introjektionen* zu tun. Ich denke da beispielsweise an eine Patientin, deren Mutter wir mit ihren, auch dem Außenstehenden ins Auge springenden Schattenseiten längst besprochen und sogar zu verstehen versucht hatten. Wir hatten eingesehen, daß die junge Frau, meine Patientin, unter dieser Mutter leiden mußte, daß sie diese Art zu Recht ablehnte. Und plötzlich kommt sie eines Tages erschreckt zur Stunde: »Jetzt habe ich doch genau so gehandelt wie meine Mutter!« Es folgt darauf eine langwierige und oft schmerzhafte Arbeit an der »inneren Mutter«. Dies geschieht in der Einsicht: den Schatten *verwandeln* kann ich da nur *in mir* und nicht in ihr. Im Laufe der Zeit geschieht es dann wie von selbst, daß auch das Verhältnis zur realen Mutter besser und natürlicher wird.

Die Projektion einerseits und andererseits die Introjektion dessen, was man außen bekämpft und bewußt nicht haben will, muß in jeder tiefenpsychologischen Therapie eine wichtige Rolle spielen. Das ist an dem historischen Beispiel des Dritten Reiches im großen gut anschaubar.

Das Schlimmste daran ist doch, daß offenbar niemand daraus gelernt hat. Es wird weiterhin in der Welt der eigene Schatten projiziert, ein Staat projiziert ihn in den andern, ein Volk in das andere. Vielleicht sind die jeweils Mächtigen tatsächlich noch nicht in der Lage, ihrem eigenen Schatten zu begegnen. Dafür aber müssen es die Leidenden, die zu uns Psychotherapeuten kommen, sie müssen es lernen. Auf dem Weg der Selbsterkenntnis muß jeder einzelne sich zu seinem Schatten bekennen, ihn annehmen und daran arbeiten. Daß sie damit nicht nur ihrer eigenen Ich-Entfaltung dienen, sondern auch ein zeitgeschichtlich Notwendiges tun, ist für manchen tröstlich und ermutigend.

Ein Zurück in ein nur lichtes Paradies gibt es nicht mehr, es gibt nur noch ein Vorwärts zum »Neuen Jerusalem«. Aber auf diesem Weg muß man als Mensch in seiner irdischen, schattenwerfenden Inkarnation Steine tragen! Diese werden Edelsteine nach der Apokalypse!

Zum Schluß möchte ich noch ein Bild bringen, ein Realbild von Licht und Schatten, welches ich auch manchmal an geeigneter Stelle meinen Patienten zeige. Man möge es bitte nicht als eine Art vorsätzliche Erklärung oder gar als etwas Programmatisches nehmen. Es ist schon manchem hilfreich geworden: Wenn ein Mensch geht und die Sonne im Rücken hat, sieht er seinen Schatten vor sich; je mehr er von ihr weggeht und je mehr sie untergeht, desto länger wird der Schatten: in dieser Situation ist jeder Mensch, der über seine Minderwertigkeitsgefühle klagt, über seine Häßlichkeit, seine nie wieder gut zu machenden Fehler, sein besonders schweres Schicksal usw.

Eilt der Mensch aber dem Licht entgegen, etwa der untergehenden Sonne in schwärmerischer Sehnsucht – das ist in praxi gewöhnlich ein in Illusionen und irrealen Wunschwelten Befangener –, dann läßt er seinen Schatten hinter sich, d. h. er nimmt ihn gar nicht wahr, obwohl dieser sich auch an seine Fersen heftet. Dieser Mensch nimmt ihn nicht wahr, weil er ihn projiziert in andere Menschen, in die »böse« Welt usw.

Stellt sich der Mensch aber direkt unter die Sonne, die er im Zenit über sich hat, so hat er zwar auch einen Schatten, aber einen minimal kurzen, der ihn mit dem irdischen Boden der Wirklichkeit verbindet.

In der jeweiligen Übersetzung und Deutung dieses Bildes kann jeder den Umgang mit seinem Schatten üben. Mit der Sonne direkt über sich kann der aufrecht auf dem Boden der Wirklichkeit stehende Mensch seinen Genius, sein höheres Ich erleben.

VII. Schwellenängste im Lebenslauf

Hier sei noch einmal auf das Wahrbild der Schwelle zur geistigen Welt hingewiesen, an der, wie Rudolf Steiner schildert, dem Menschen, der den Einweihungsweg sucht, der Hüter in Gestalt des Doppelgängers begegnet, um ihn davor zu warnen, unreif die Schwelle zu überschreiten.

Nun gibt es nicht nur diese Schwelle, die ja nur sehr wenige Menschen bewußt im Leben überschreiten wollen und können; dieselbe Schwelle vom irdischen Leben zum geistigen Dasein müssen wir alle im Tode passieren. Darüber hinaus gibt es auch im Lebenslauf Schwellensituationen. Hier sollen vorwiegend die zwischen den einzelnen Jahrsiebten betrachtet werden, die im Rhythmus des menschlichen Lebens deutlich in Erscheinung treten. In diesem gesetzmäßigen Gestaltwandel des Menschen mit den gleichzeitig einhergehenden seelischen Enwicklungsstufen liegen für uns Therapeuten praktische Ansätze für Diagnostik und Therapie. Bei einer gesunden Entwicklung und verständnisvollen Erziehung werden die Übergänge von einem Jahrsiebt ins andere im allgemeinen unbewußt und ungehemmt durchlebt. Die Patienten, die hilfesuchend zu uns Therapeuten kommen, sind fast immer »Schwellenstolperer«, das heißt, sie haben aus irgendwelchen äußeren oder inneren Gründen die Übergänge von einem Jahrsiebt zum nächsten nicht bewältigt. Das kann man meistens schon bei der ersten gemeinsamen Lebensrückschau – sprich ausführliche Anamnese – entdecken.

Ich sehe die Jahrsiebente, besonders die ersten vier bis zur Erreichung des »Hypomochlions«, der Reife des Ich, das nun urteilsfähig und verantwortungsfähig geworden ist, bzw. sein sollte, wie eine Art von Zeitenraum, »zum Raum wird hier die Zeit« (Parsifal bei Wagner). »Der Mensch strebt, wenn ich das so zeichnen darf, von seiner Kindheit an, wo er aufnimmt viele Weltenkräfte, immer mehr und mehr einem solchen Punkt zu, der am Ende der Zwanzigerjahre liegt, wo er aufhört, aus Weltenkräften sein Wachstum zu besorgen, kosmische Kräfte in sich zu verarbeiten, wo er anfängt, aus seinem eigenen Leibe heraus sich die Kräfte zu erarbeiten... In jedem Augenblick seines Lebens strebt ja der Mensch entweder nach diesem Punkt hin oder er strebt von diesem Punkt weg. Sie sehen leicht ein, das ist eine Art Nullpunkt, eine Art Hypomochlion, eine Art Nullpunkt, wo wir in der Zeit zwischen uns und der Welt stehen... Aber in der Tendenz hin oder weg kann sich ausleben dasjenige im Menschen, was nicht von der Natur und was nicht von der Welt bestimmt ist, wo ein Hypomochlion sitzt, da ist der Ursprungspunkt seiner Freiheit. Da begreift man die Verantwortlichkeit.«[1]

Bei jeder Siebenjahresschwelle tut sich eine neue Tür zu einem neuen »Zeit-Raum« auf. Und da gibt es zwei verschiedene Stolpermöglichkeiten: entweder man wird zu rasch, zu früh in den nächsten »getrieben«, oder man hat aus anderen Gründen den bisherigen noch nicht genügend kennengelernt und durchlebt.

Von der zu raschen Entwicklung, von den Vorgriffen, sprechen wir Ärzte schon oft, besonders, wenn es sich zum Beispiel um erzieherische intellektuelle Vorgriffe im ersten Jahrsiebt handelt und physische Schäden auftreten bis zum späteren Karzinom hin. Unsere neurotischen Patienten sind jedoch meist von der zweiten Verschiebung betroffen – selbstverständlich mischt sich das auch oft. Sie lassen etwas von sich im ersten Zeitraum zurück. Nehmen wir als Beispiel das erste Jahrsiebt: Das Kind spürt unbewußt, daß es noch nicht alles, was es mitnehmen sollte, richtig erlebt hat, sich angeeignet hat, es *muß* aber nun Schulkind werden. Einerseits will es auch vorwärts, andererseits gibt es da noch so viel Unverständnis, Belastendes, Ungelebtes. Da bleibt fast nichts anderes übrig, als ein Stückchen von sich, das dumpf als unreif empfunden wird, zurückzulassen als »kleines Mädchen« oder »kleinen Buben«. Da die Türe jedoch sich hinter einem schließt, kann man es nicht wirklich zurücklassen, sondern man muß es mitnehmen. Das geht ja noch vom ersten zum zweiten Jahrsiebt, vielleicht kommt es auch im dritten noch nicht so deutlich als ein der Ichentfaltung hinderlicher Störenfried zum Vorschein. Aber mit frei werdendem Astralleib zeigt sich immer deutlicher, daß dieses Stück »kleines Mädchen« der Weiterentwicklung nicht zur Verfügung steht und wie eine Enklave im erwachsenen Ich diesem Kraft entzieht.

Meist – wenn dies zum Beispiel nicht durch eine geschickte Psychagogik aufgefangen wird – wiederholt sich bei diesem Menschen ein Ähnliches an jeder Schwelle. Er bekommt eine Symptomatik, psychischer oder somatischer Art, und kommt in unsere Behandlung bestenfalls im Alter zwischen 21 und 23 Jahren, spätestens bewältigt er aber die Lebensmitte-Schwierigkeiten nicht, und wir müssen sehen, was sich da noch erreichen läßt.

Diese theoretische Darstellung soll nun im folgenden an praktischen Beispielen erläutert werden.

Zunächst sei auf das erste Jahrsiebt einer 30jährigen Lehrerin hingeschaut, die mir vom Arzt für Allgemeinmedizin überwiesen worden war, weil er in der Fülle somatischer Erkrankungen der letzten Jahre und in ihrer Abwehrunfähigkeit eine larvierte Depression sah. Sie hatte auch direkt psychogene Symptome wie Haare-Auszupfen, eine Magensymptomatik und Zwangsweinen. Zum Ausbruch kam die schwere neurotische Depression drei Jahre zuvor, im Jahre ihrer Ehescheidung nach jahrelanger Trennung, und nach drei unverschuldeten Autounfällen innerhalb eines halben Jahres. Nach dem letzten mußte sie wegen eines Nackenschleudertraumas wochenlang allein in ihrer Wohnung liegen. Darüber brach sie zusammen.

Aus dem ersten Jahrsiebt dieser Patientin erfahre ich auf die Frage nach frühesten Erinnerungen an schlimme Erlebnisse: »Eine Magenausheberung, weil ich Ameisengift getrunken hatte! Wir bekamen ja nichts Süßes, und dieses war süß!«

Das Kind hatte nicht nur strenge Eßreformen, sondern auch eine streng religiös-moralische Erziehung durch die Mutter erfahren; dabei aber viel Streit der Eltern mitbekommen. Es erlebte den Vater vorwiegend als einen Menschen, der unverständliche

Strafaktionen vollzog. Es fühlte sich zwischen zwei Brüdern als weniger von der Mutter geliebt. Die Patientin erlebte also Ungerechtigkeit und auch den Widerspruch zwischen den religiösen Reden der Mutter und deren Angst vor Dämonen. So kam z. B. ein Dämonen-Austreiber ins Haus, der in der Katze Böses fand, welche danach zum Töten ins Schlachthaus getragen werden mußte. Zwischendurch gab es auch Schönes, wie Singen von fröhlichen Liedern, nicht nur Chorälen, mit der Mutter, oder Ausflüge. Es bildete sich ein Grundgefühl von Alleingelassensein, von Nichtangenommensein, aber mit der Sehnsucht nach einem doch auch möglichen unbeschwerten Kind-sein-Dürfen. An der Schwelle zum Schulalter bleibt ein Stück des nicht zu seinem Recht gekommenen »kleinen Mädchens« zurück; der Zeit-Raum ist nicht ausgeschritten und muß doch verlassen werden; so muß die Kleine mitgenommen werden. Sie taucht in der 30jährigen Frau immer wieder auf. Wir entdecken das nicht nur in Träumen, sondern auch in Verhaltensweisen. Sie bettelt z. B. noch um Beweise der Mutterliebe wie Geburtstagskuchen, den die Brüder doch noch bekommen, oder um Verständnis, auch wo das nicht zu erwarten ist. Das Grundgefühl des »verlassenen kleinen Mädchens« – später noch verstärkt durch das Verlassen-Werden vom Ehemann – macht das Allein-liegen-Müssen nach dem Unfall zur unerträglichen Qual. Das Alleinleben wächst sich im Vergleich mit verheirateten Kolleginnen bis zum »Makel« aus. Sie geniert sich vor der Metzgersfrau, daß sie zum Wochenende nur ein Schnitzel braucht und kauft zwei!

Nun zum Vergleich eine »wahre Geschichte« von einem kleinen Mädchen von etwa 2–2½ Jahren, das von seiner Mutter im Gegensatz zum ersten verstanden wurde. Das Kind ist eben im Begriff, die Schwelle zum zweiten Jahrsiebt fröhlich, gesund und seelenkräftig zu überschreiten.

Mutter und Kind sind miteinander in der Küche. Die Mutter reicht der Kleinen aus einer Tüte eine getrocknete Birne. Sie weiß, daß getrocknete Birnen von dem Kind besonders gern gegessen werden, und sieht erstaunt zu, wie die Birne auf den Boden fliegt. Es ist kein Versehen: der nächsten und übernächsten geht es genau so, obwohl das Kind verlangend nach der Tüte guckt. Die meisten Mütter reagieren in solchen Situationen strafend: du undankbares Kind, andere wären froh, sie hätten überhaupt etwas zu essen, jetzt bekommst du gar nichts mehr! Oder es gibt noch einen Klaps. Diese Mutter aber hat einen *Einfall*: Sie reicht dem kleinen Mädchen die Tüte, aus der es dankbar lächelnd eine Birne entnimmt. Die Mutter hat mich verstanden, ich will doch groß und selbständig werden. Dies zu verbalisieren war noch unmöglich. Solche erste Ich-Taten werden üblicherweise bestraft. Hier wurde eine Vertrauensbrücke befestigt.

Nun zurück zu der ersten Patientin. Das zweite Jahrsiebt wird von ihr also nicht unbeschwert begonnen. Lernen dürfen, Leben- und Weltergreifen – zwischen dem 9. und 11. Lebensjahr liegt ja die erste Ich-Ergreifung – gehört in diese Lebensphase. Die Mutter belastet aber die Zwölfjährige mit ihrer Eheproblematik. Sie bekommt in ihrem Stübchen die lautstarken Elternstreitigkeiten mit, die bis zur Ohrfeige ausgetragen werden, und vergräbt sich unter ihren Kissen, um nichts zu hören. Sie erfährt von der Mutter, wie *böse die* Männer sind, daß sie nur den Körper wollen oder wegen dem Körperlichen zu anderen Frauen gehen. Dem Kind wird also aktiv Angst vor dem Frau-Werden eingeflößt und zudem das Gefühl: nie wie die Mutter werden! Darüber hinaus wird ihr wachsender Busen bekrittelt, der nicht an der richtigen Stelle sitze, und bei jeder kleinen Unart hört sie die Drohung: so bekommst du keinen Mann!, der nun also doch ein wünschenswertes Ziel sein soll.

Kein Wunder, daß die Patientin im dritten Jahrsiebt in verfrühte Bindungen, einerseits aus Geborgenheitsbedürfnis, andererseits aus gesundem Protest, getrieben wird. Das geschmähte sexuelle Verlangen der bösen Männer wird ausprobiert. Und schon bald nach dem Abitur zieht sie aus Protest gegen das Elternhaus mit einem jungen Mann zusammmen; *Mitleid* mit diesem nach dem Suicid-Tod seines Vaters ist der ihr bewußte Grund zu dieser Entscheidung.

In dieselbe Zeit, gegen Ende des dritten Jahrsiebts fällt ein *Todes-Erlebnis:* eine Ohnmacht durch eine nächtliche Nachblutung nach einer Mandeloperation. Sie findet sich wieder im klitschigen Blut auf dem Boden der Toilette in der Klinik! Was für ein Schwellenerlebnis in das vierte Jahrsiebt hinein!

Im vierten Jahrsiebt absolvierte sie das Lehrerinnen-Examen und schloß die Ehe, obwohl eigentlich schon klar war, daß sie und der Mann nicht zusammenfinden konnten. Sie tat es lediglich aus Angst, ohne diese Ehe allein *weitab* auf das Land versetzt zu werden. Auf Wunsch des Mannes lebten sie in einer Kommune mit der Pflicht zum wechselnden Intimverkehr. Darauf folgte die Ehescheidung und weitere menschliche Enttäuschungen.

Nach Ablauf dieses Jahrsiebts kommt Frau. B. in meine Behandlung mit schwerer Drepression und mit vielerlei somatischen, zum Teil auch irreversiblen Schäden. Noch ist sie als Lehrerin arbeitsfähig. Die Schularbeit ist das einzige, was sie noch hält in ihrem leidgereiften Ich. Das kann sie als solches jedoch absolut nicht wahrnehmen, solange sie je nach Gelegenheit das »kleine Mädchen«, die angstvolle oder die protestierende »Pubertierende« in sich walten läßt.

Der schwere lange Weg des Sich-unterscheiden-Lernens von diesen störenden infantilen oder jugendlichen Seelenanteilen mußte gegangen werden mit allen Phasen, auch der Mutter-Übertragung, im Nachholen-Wollen des Schutzsuchens, des Verstanden-Werdens wie auch im Widerstand und Protest. Diese sozusagen selbständig gewordenen, im Astralleib wirkenden Persönlichkeitsanteile verschlucken nämlich die Kräfte, die man zum gegenwärtigen Leben braucht. Sie müssen befreit und dem Ich zugeführt werden. Es erübrigt sich, zu sagen, daß auch äußerlich im Laufe der Ich-Entwicklung der richtige Platz im Beruf und der gemäße Lebenspartner gefunden wurden.

VIII. Psychotherapie und Seelsorge

Es wird oft die Frage gestellt, ob die Anthroposophie nicht jede Psychotherapie überflüssig machen könnte. Dazu sei folgendes gesagt:

Die Anthroposophie ist durch Rudolf Steiner als eine *Geistes-Wissenschaft* – manchmal benutzt er auch das Wort Weltanschauung – und als ein *Schulungsweg* gegeben für *gesunde* suchende Menschen. Sie läßt sich weitgehend aus gedruckten Büchern erfahren und selbständig erarbeiten.

Die tiefenpsychologisch fundierte Therapie nahm ihren Ausgangspunkt vom *kranken* Menschen, um den sich ein Arzt, zum Beispiel mein Lehrer C. G. Jung, bemühte, der dabei das *Unbewußte* mit einbeziehen mußte, weil viele Krankheitsursachen dort ihren Sitz haben. Erst sekundär wurden dann mehr oder minder geglückte Theorien daraus gemacht; einmal, weil die Ärzte für sich in ihr Erfahrungsmaterial Verständnis und Ordnung bringen mußten; zweitens, weil man ohne solche Gedankenarbeit weder selbst forschend in das Neuland eindringen konnte, noch Schüler einzuführen vermochte. Allerdings genügt in den seriösen Schulen zur Ausbildung eines Therapeuten die Theorie allein nicht, auch wenn in den Büchern oder Vorlesungen viel Kasuistik, also »Fälle« von Krankenbehandlungen gebracht werden. Er muß eigene Wege in sein Unbewußtes gehen lernen. Die via regia ist heute noch vorwiegend die Traumarbeit, so daß der Lehrende quasi den Spiegel stellt und der Lernende etwas von seinem Unbewußten wahrnimmt. Im Grunde ist es derselbe Prozeß, der sich zwischen Therapeut und Patient abspielt. Es ist ein *Selbsterkenntnisweg,* ein *Ich-Findungsweg.*

Eine solche Therapie muß eine *aktive* sein. Nach wenigen Stunden des sich Kennenlernens von Patient und Therapeut und nach der optimalen Indikationsstellung wird dem Patienten in allem Ernst klar gemacht, daß es auf seine aktive Mitarbeit ankommt. Und erst, wenn er sich nach reiflicher Überlegung von sich aus dafür entschieden hat, wird mit der Therapie begonnen.

Die Bilderwelt der Träume wird als Imaginationsmaterial benutzt. Wir bleiben nicht – oder »wühlen« gar, wie manchmal zu hören ist – im Unbewußten wie im Schlamm. Im Erkenntnisprozeß wird das, was bisher unbewußt und als solches Ursache der krankhaften Symptome war, ins Bewußtsein gehoben, unabhängig davon, ob diese Symptomatik seelischer Art – wie Drepressionen, Zwänge, Ängste – ist, oder ob sie sich im Körperlichen äußert wie zum Beispiel in einer Magensymptomatik bis zum manifesten Geschwür. Sie kann nur im Bewußtsein bearbeitet werden.

Freilich müssen wir den Kranken dort abholen, wo er tatsächlich gerade steht und mit ihm in tiefe Wasser, manchmal auch in Schlamm steigen. Es reicht nicht, ihm zu zeigen, wie schön es auf der sonnigen Welt ist, wenn er zum Beispiel nur Gottvertrauen übe oder sich künstlerisch betätige oder nur endlich seine materialistisch gefärbten Gedanken losließe... Er *kann* es nicht! Meist kann er es nicht einmal wollen. Er will primär gesund werden.

Darin ist wiederum ein Unterschied zum Schulungsweg zu sehen und zur Seelsorge, wenn auch zu letzterer in mancher Hinsicht eine gewisse Ähnlichkeit besteht. In Beichtgesprächen kann so etwas geschehen, wie dasjenige, was Rudolf Steiner auf dem Schulungsweg fordert: in ausgesonderten Augenblicken auf sein Leben zurückschauen »wie ein anderer«, distanziert vom emotionellen Erleben. Die dadurch gewonnene Selbsterkenntnis ist hilfreich und vermag ein wichtiger Schritt zur Ich-Entwicklung zu sein. Diesem Ich dient die biographische *Betrachtung* zu Zweit in der Therapie ebenfalls. Beides findet auf der Bewußtseinsebene statt. Zum Psychotherapeuten kommen zumeist nicht die Menschen, die noch irgendeinen Zugang zum kirchlichen Seelsorger haben. Insofern ist er keine »Konkurrenz«. Es ist aber gut, wenn der Pfarrer seinerseits zu unterscheiden vermag, wann er wen auf einen entsprechenden Arzt hinweisen sollte.

Ein guter Psychotherapeut – und diese sind nicht nur an *eine* Schule gebunden – »forscht nicht aus«, sondern läßt sich erzählen, nimmt den anderen wahr mit Herz und Verstand und hilft ihm, seinen Schicksalsweg weiterzufinden. Als nicht geweihter Priester, und somit nicht im Dienste eines Sakramentes stehend, hat der Therapeut es in gewisser Hinsicht schwerer. Er begegnet schlicht als Mensch mit seinem Engel dem anderen Menschen mit dessen Engel. Und als Arzt darf er sich dem Hilfesuchenden nicht entziehen.

Da nun die neurotischen Krankheiten im Unbewußten wurzeln, muß der Selbsterkenntnisweg auch dorthin führen. Dazu dient hauptsächlich das Bildmaterial der Träume. Dieses wird aber – zumindest bei den Therapeuten, die aus der Jungschen Richtung kommen – möglichst nicht gleich begrifflich »gedeutet« in dem Sinne von festen Symbolen, hinter denen sich etwas verbirgt und hinter denen man quasi kriminalistisch herjagt. Wir bleiben möglichst in der Bilderwelt und lassen diese aussagen, so wie die Märchen es tun, wenn man sie kontemplativ »be-trachtet«. Sie bringen ihre »Tracht« mit. Am wichtigsten ist das, was dem Träumer selbst aufgeht und ihm einleuchtet. Der Arzt sollte möglichst nur den Spiegel stellen. Es entwickelt sich da eine Sprache, die weder willkürlich »wischi-waschi« noch lexikalisch »exakt« ist. Sie ist vielmehr kraftvoll und bildhaft.

Noch ein Wort zum Wert des Umgehens mit den Träumen. Man sollte, obwohl es jetzt fast Mode geworden ist, Traumbücher zu veröffentlichen, vorsichtig sein mit Aussagen über den *Traum an sich.* Therapeutisch verwendbar ist eigentlich nur der Traum des X. Y. an dem und dem Tag, in seiner gegenwärtigen Lebenssituation und mit seiner bisherigen Lebensgeschichte. Sonst sind Spekulationen und Phantasien Tür und Tor geöffnet.

Der zweite, schwierigere Teil der tiefenpsychologisch fundierten Therapie ist dann das Umsetzen der Selbsterkenntnisse, die unter anderem durch die Traumarbeit gewonnen wurden, in das Leben. Man muß die als nötig erkannte Wandlung täglich, in immer neuen Situationen vollziehen. Dazu reicht die Erinnerung an die Therapie-Gespräche nicht aus. Der Patient braucht eine Hilfe, die er selbst praktisch handhaben lernt.

Zur Bewältigung zweier häufig vorkommender Schwierigkeiten habe ich im Laufe meiner Praxis zwei zu beschreibende Problemkreise herausgearbeitet. Es ist dies einmal der Umgang mit den eigenen sogenannten *Infantilismen,* weiter gefaßt mit den *Schatten-Anteilen* und *introjizierten Seelengestalten.* Zum andern geht es um die *Gegenwärtigkeit.* Obwohl diese beiden Bereiche inhaltlich bei jedem Patienten anders aussehen, läßt sich der Umgang damit prinzipiell erlernen.

Selten ist ein Mensch so alt, wie es sein Geburtsdatum aussagt, mancher hat da oder dort noch den Charme eines Jugendlichen oder äußert etwas Reifes, das über seine Jahre hinausgeht. Aber im wesentlichen sollte er doch seinem Alter entsprechen. Das Ideal, z.B. mit 28 Jahren erwachsen, urteils- und verantwortungsfähig zu sein, erreichen nicht alle und von unseren Patienten gewöhnlich keiner. Ich spreche da von dem von Rudolf Steiner so genannten »Hypomochlion« (vgl. S. 123). Ein Teil der Neurose sitzt häufig hier in der Unausgewogenheit und blockiert.

Als praktisches Beispiel sei das Traumbild einer Patientin aufgeführt. Sie hielt im Traum ein kleines Mädchen an der Hand, welches mit einer rosa Masse, an der es lutschte, ein Schaufenster beschmierte. Die Patientin selbst – also das Ich im Traum – versuchte, die Schmiererei wieder abzuwischen. Als die 55jährige diesen Traum hatte, wurde gerade ihr Problem bearbeitet, das sie nie richtig wahrnehmen gelernt hatte: Sie konnte die Wirklichkeit nicht realistisch sehen, sondern projizierte immer Wünsche oder Ängste in sie hinein.

Das Bild leuchtete ein, daß es das kleine Mädchen *in* ihr ist, das sie daran hindert, zu sehen, was für Möglichkeiten etc. es für sie gibt. Die Schaufensterauslagen sind auch Bild für das, was es in der Patientin für Möglichkeiten gibt oder was sie sich erwerben kann, wodurch sie reicher werden kann. Andere Leute sehen das oft, nur man selbst nicht, weil das Infantile, das gleichsam Zurückgebliebene das in einem »zuschmiert«.

Nun gilt es, das so gemeinsam mit der Patientin am Traum Erkannte in den Alltag einzubringen. Das fängt damit an, daß der erwachsene Mensch das »kleine Mädchen«, wenn es am Werk ist, *erkennt.* Nicht theoretisch erkennt, sondern praktisch, indem er es *personifiziert;* etwa so: »Du willst mir mal wieder die klare Sicht trüben! Ich brauche keine Angst zu haben, wenn der Chef ins Zimmer kommt, während ich gerade meinen Apfel esse; *du* hast Angst vor dem Vater und machst mich unfähig zum vernünftigen Denken. So dumm bist du nicht mehr, um nicht zu wissen, daß das gute Himbeereis, das du so magst, nicht zum Schmieren da ist und du dann nicht mehr sehen kannst, was in dem Schaufenster drin ist. Vielleicht können wir zwei davon etwas kaufen! Vorhin wolltest du doch so gerne groß sein. Sieh, die Großen tun so etwas nicht.«

Das läßt sich in jedem Fall produktiv variieren. Man muß nur einmal begriffen haben, daß man immer mit dem kleinen Mädchen an der Hand durchs Leben geht, wie ein Heilpädagoge, dem man ein zurückgebliebenes Kind anvertraut hat und der es nun mit Liebe und Konsequenz nacherziehen muß ... soll ... *will.* Ohne Wollen geht es nicht. Das ist der springende Punkt! Die meisten genieren sich nämlich, mit dem Kind an der Hand gesehen zu werden.

Nebenbei gesagt: es ist prognostisch günstig, daß das Ich im Traum aktiv die Scheibe wieder putzt, also die Sichttrübung verändert. Aber ohne das »kleine Mädchen« zu verändern, das heißt es zum Erwachsenen zu erziehen, bringt das noch nichts.

Diese »Zurückgebliebenen« und entsprechend auch andere Schattenfiguren sind nämlich die Träger mancher seelischer Potentiale, die so für den Seelenhaushalt blockiert sind und ihm zugeführt werden sollten, damit das *Ich* allmählich *Herr im Haus* wird.

Mit diesem Beispiel des Personifizierens sollte aufgezeigt werden, wie ich den Patienten zur Mitarbeit anrege. Was im Gegenüber von Arzt und Patient ein Polarisieren ist, das gebe ich weiter an das Ich des Patienten und seine seelischen Innenfiguren, wobei *er* nun die Rolle des Arztes zu übernehmen hat. Dabei kommt er nicht darum herum, zu merken, wann und wo und wie oft er sich mit »der Kleinen« oder mit »dem Pubertierenden« identifiziert. Das ist ein schmerzlicher Prozeß, dem man lieber ausweichen will – und es oftmals auch tut. Wenn man aber dennoch dabei bleibt, dann sind diese Erkenntnisse sehr hilfreich für die Ich-Entfaltung.

Gleichzeitig beugt diese Art der »gemeinsamen« Arbeit aber auch der Gefahr vor, in *Abhängigkeit* vom *Therapeuten* zu geraten, was von vielen Ablehnern der Psychotherapie nicht ganz zu Unrecht oft ins Feld geführt wird. In der Fachsprache heißt das: Steckenbleiben in der Übertragung und Gegenübertragung. Abgesehen davon, daß die heftigsten Gegner der Tiefenpsychologie am wenigsten merken, daß und wodurch sie ihre Patienten oder Beichtkinder in Abhängigkeit halten, ist die Gefahr des Steckenbleibens in der Gegenübertragung auch einer der Gründe für die sogenannte Lehr- oder Selbsterfahrungsanalyse bei der Ausbildung zum Tiefenpsychologen. Der spätere Therapeut sollte sich rechtzeitig mit seinen unbewußten Innenfiguren bekannt machen, bevor er sich mit einem Patienten an diese Arbeit begibt.

Nun sei auf das andere praktische Hilfsmittel hingewiesen, dessen Anwendung jeder erlernen kann. Es geht um das Thema: *Vergangenheit, Gegenwart* und *Zukunft.* Wiederum gibt es bei den verschiedensten Menschen mit ihren Krankheitssymptomen Gesprächssituationen, in denen dieses Thema berührt werden muß. Es läßt sich ja leicht beobachten, daß wir alle – und unsere Patienten erst recht – kaum im gegenwärtigen Augenblick leben. Gegenwärtig sind Emotionen, Schmerzen, Trauer, Zorn, Verzweiflung, Selbstmitleid, Angst usw. In diese sind unsere Kranken geradezu versunken. Aber diese Gefühle oder Zustände beziehen sich fast immer auf die Vergangenheit oder auf die Zukunft.

Anlaß zu einem solchen Gespräch ist sehr häufig das Hängenbleiben in der Vergangenheit. Entweder ist es das Zurücksehnen nach einer erlebten frühkindlichen Geborgenheit oder fast häufiger noch nach einer *vermißten* Geborgenheit; das Gefühl eines nie mehr gut zu machenden Versäumnisses, was einem angetan worden ist. Menschheitlich gesprochen: ein Zurück ins Paradies. Oder es ist ein Zurückstarren auf alles unabänderliche Schlimme, auf alles, was falsch gelaufen ist.

Das »Rückwärtsorientiertsein« wird der analytischen Therapie nicht ganz zu Unrecht häufig zum Vorwurf gemacht. Das Einengende daran wird aber von vielen Kollegen, besonders von denen, die aus der C. G. Jungschen Richtung kommen, klar gesehen und vermieden, indem schon in den Träumen die prospektiven und final orientierten Aspekte wahrgenommen werden und daran gearbeitet wird, das Erkannte ins praktische Leben einzubringen.

Eben diesem zukunftsorientierten Aspekt dient das *Schema,* das sich mir aus der Praxis heraus entwickelt hat und das ich im folgenden nun aufzeichnen möchte (vgl. S. 90, die Zeichnung wird hier bewußt wiederholt). Es ist nicht theoretisch entwickelt worden und kann darum auch nicht irgendwann einmal dem Patienten nahegebracht werden. Es muß sich aus einer *Gesprächssituation* heraus ergeben. Und es wird auch jedesmal mit dem Betreffenden zusammen gezeichnet und besprochen.

Der Text dazu (ich spreche ja immer von konkreten Geschehnissen) könnte dann etwa so lauten: »Sie reden jetzt von Haß auf Ihre Mutter, der Ihnen beim Telefongespräch mit ihr gestern so hochgekommen ist. Wie Sie selbst eben sagten – die Mutter bat Sie ja nur um das Schulzeugnis Ihrer Tochter –, wäre das noch kein Anlaß zu einem solchen Ausbruch von Ihnen gewesen. Wir beide wissen ja auch, daß Sie hier, hunderte von Kilometern entfernt von der Mutter, Ihr eigenes Leben mit viel Tapferkeit aufgebaut haben. Und wir haben auch schon Ursachen für solche Gefühle wie die gestrigen in den Erlebnissen Ihrer frühen Kindheit gefunden. Was haben Sie *jetzt* von solchen Emotionen? Sie machen sich traurig und fühlen sich gelähmt, und die Mutter ändern Sie nicht mehr.

Sehen Sie mal her! Ich zeichne Ihnen etwas auf. Das paßt für alle Menschen, es ist nicht nur für Neurotiker erdacht.

Dies soll der *Fluß* der *Vergangenheit* sein. Jeder Mensch hat eine Vergangenheit. Als Ich lebt er von der Zeit an, an die er Erinnerungen hat, schöne und schlimme. In ihnen liegen seine Möglichkeiten, aber auch deren Behinderungen.

Diesem Zeitenstrom der Vergangenheit kommt der *aus* der *Zukunft* entgegen. Wo die beiden zusammentreffen, ist der jeweilige *gegenwärtige* Augenblick. Der ist jede Minute neu und nie wiederholbar.« Ich zeichne die Gegenwart zu dem horizontal fließenden Zeitenstrom im rechten Winkel, also vertikal. Nicht nur, weil die graphische Darstellung so verständlicher wird, sondern auch, weil das *Ich* immer *nur* in der *Gegenwart* »anwesend« ist. Also ist mit der Vertikalen auch das Ich angedeutet, das ja sowieso aufrecht zwischen Himmel und Erde steht. Nur in der Gegenwart ist es handlungsfähig, kann aktiv werden, Entschlüsse fassen usw. Wir kennen das ja von dem Begriff der *Geistesgegenwart*.

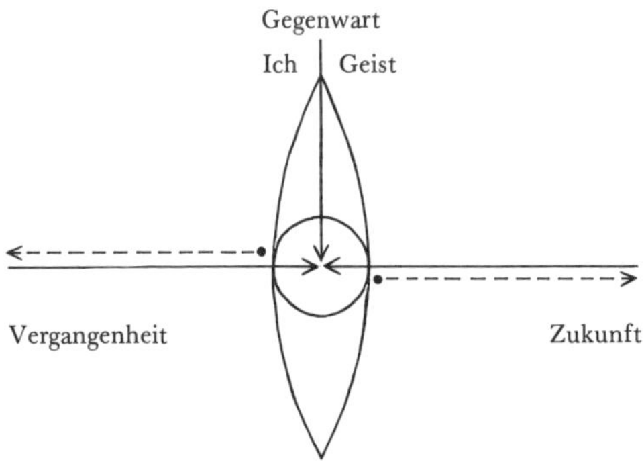

Je nachdem, welchen Menschen ich vor mir habe, erzähle ich erlebte Situationen aus dem Krieg, aus dem Luftschutzkeller... oder noch besser, es fällt mir ein Ereignis aus dem Leben des Betreffenden ein, wo er oder sie geistesgegenwärtig war.

Da steht also nun: Vergangenheit, Zukunft, Gegenwart und Geist und Ich. Den Geist lasse ich nie aus. Der Kreis bedeutet die Ich-Mitte, den Ich-Kern, der ja geistiger Art ist – in der Gegenwart.

»Wenn Sie jetzt so in alte Haßgefühle ausbrechen, dann sitzen Sie nicht mit Ihrem Ich in der Mitte, sondern links *neben* sich. Sie starren wie weiland Frau Lot fasziniert in die Vergangenheit – Sie wissen, diese wurde zur Salzsäule und verpaßte ihre mögliche Zukunft –, Sie sind also im wahren Wortsinn *›außer sich‹* und damit gelähmt im Handeln. Deshalb fanden Sie am Telefon mit Ihrer Mutter nicht die rechte Antwort.«

Im allgemeinen sitzt man *links* bei *Depressionen* oder wenn man über irgendeinen gemachten Fehler nicht hinwegkommt oder über sein Aussehen, seine Nase oder was auch immer. Dagegen treiben *Zukunftsängste* aller Art einen nach *rechts* neben sich. Meistens aber gibt es ein Hin- und Herschwanken zwischen links und rechts: weil der Vater damals so reagiert hat, kann ich ihm doch den Wunsch des Studiumwechsels nicht sagen... Weil ich doch nur ein Arbeiterkind bin, werden mich die richtigen Akademiker nie für voll nehmen. Alles »hätte ich, wäre mein Vater« sitzt links. Und alles »wenn einmal, wenn aber« sitzt rechts. Der Patient erschöpft sich im Hin und Her.

Nur von der *Mitte* aus läßt sich die Vergangenheit richtig beurteilen und einordnen, läßt sich die Zukunft planen oder in Ruhe erwarten, nur wenn man in der Gegenwart handlungsfähig ist.

Je nach der Biographie, nach der Lebenseinstellung des Menschen, kann man z.B. einfließen lassen, daß man nur von der Mitte aus eine »Hilfe von oben« – aus der geistigen Welt, vom Himmel, von Christus – empfangen kann. Oder es läßt sich bei einem anderen mal Ahriman links oder Lucifer rechts ansiedeln.

Wenn dem Patienten das Dargestellte einleuchtet, weil es mir vielleicht gelungen ist, es zur richtigen Zeit zu bringen, und er erkennt, daß das »Schema« für ihn auch eine *Lebenshilfe* sein könnte, dann fragt er: Was soll ich nun damit machen? Die Antwort ist: Nur wach sein, nur merken, wo man eben sitzt. Das bringt von selbst den Versuch in Gang, in die Mitte zu kommen, zu sich und damit auch in das richtige Verhältnis zur Umgebung zu kommen.

Es handelt sich hierbei nicht nur um die geistig-seelische Großtat des Lebens aus der Ich-Mitte; das ist und bleibt schließlich eine lebenslange Aufgabe. Praktisch geht es bei dem sich links oder rechts ertappen oft nur um die Frage: was will das *Jetzt* von mir? Was ist jetzt »dran«? Zum Beispiel einen Brief schreiben oder eine Schublade aufräumen... etc. Auch das führt schon im kleinen aus der Lähmung heraus, es führt zu einem kleinen Erfolgserlebnis und schafft Mut zum Weitermachen.

Schon aus diesen wenigen Beispielen ist zu ersehen, wie sich die therapeutische Arbeit *weitet* allein dadurch, daß man selbst Anthroposoph ist. Nicht daß man deshalb Begriffe wie Äther- und Astralleib einfließen läßt! Das ist sogar ganz falsch. An vielen Neurosen sind »ecclesiogene Ursachen« wesentlich mitbeteiligt und die Patienten, die zum Arzt kommen, fürchten sich vor eventuellen weltanschaulichen Beeinflussungen. Sie sollen *zu sich* und dem ihnen gemäßen Weg kommen und nicht neu in ein Schlepptau genommen werden. Wenn es an der Zeit ist und die Anthroposophie sie sozusagen etwas angeht, fragen sie schon von selbst. Bei den wenigen anthroposophischen Patienten wäre es unnatürlich, prinzipiell alle uns geläufigen Begriffe zu vermeiden. Man muß aber auch hier recht vorsichtig sein und die Gefahr sehen, die in der Verwendung bekannter »Worthülsen« liegt. Sie können das Erlebte des Heilungs-Prozesses geradezu stören oder gar unmöglich machen.

Oft verteidige ich Jung und mir gut bekannte seiner Schüler und Kollegen, wenn man ihnen abspricht, daß sie bis zum Geistigen vordringen und ihnen vorwirft, alles zu psychologisieren. Aber es gibt einige gravierende Unterschiede, über die man nicht verwischend hinweggehen darf.

Eine unabdingbare Basis für den Anthroposophen ist die allgemeine Menschenkunde, die den Menschen mit seinen Wesensgliedern, auch der Dreigliederung des menschlichen Organismus erkennt wie überhaupt die Anschauung der Menschheitsevolution, in der der Reinkarnationsgedanke ganz wesentlich ist, der die schon vorgeburtlich getroffene Bejahung *dieses* Schicksalsweges umgreift und diesen nicht als ein Verhängnis sieht. Damit ist nicht gemeint, daß die Geisteswissenschaft dem Patienten lehrhaft vermittelt werden sollte. Aber der Arzt, der hier wie auf keinem anderen Gebiet Operateur und Instrument zugleich ist, muß durchdrungen sein davon. Der Patient spürt dann etwas von dem, was durch den Therapeuten hindurchwirkt, ihn aber völlig frei läßt. Hat er jedoch Fragen, dann werden diese selbstverständlich beantwortet. Der Patient soll ganz in Freiheit zu dem »Werde, der du bist« kommen.

Im Anschluß an den Vortrag entwickelte sich noch ein langes Gespräch mit vielen Teilnehmern. Der Abend reichte nicht aus für alle Fragen, so daß noch ein weiterer Abend beschlossen wurde, der nur dem Fragenkomplex: Priester-Aufgaben und psychotherapeutische Arzt-Aufgaben gewidmet sein sollte. Aus diesem sei einiges festgehalten.

Als Gesprächsgrundlage bot sich der »Pastoralmedizinische Kurs« an, den Rudolf Steiner im September 1924 im Rahmen der medizinischen Sektion in Dornach gehalten hatte. Er weist da deutlich auf die unterschiedlichen Tätigkeitsbereiche hin in dem Bilde der Opferflamme des Priesters und des Merkurstabes des Arztes. Wobei sich jeder bewußt sein muß, welche Stellung er gegenüber dem anderen einzunehmen hat.

In diesem Bilde ist schon ausgedrückt, daß Rudolf Steiner *Sakramentalismus* und *Therapie* einander gegenüberstellt. Aber beide können sich im Pädagogischen treffen.

In Konkurrenz treten können Therapie und Sakramentalismus nicht, wohl aber in gewissem Sinn die *Seelsorge* des Pfarrers mit der *Beichte* und die *tiefenpsychologische Therapie* des Arztes. Man kann aber vielleicht auch sagen, daß die Psychotherapie nötig wurde für die in den Kirchen heimatlos gewordenen modernen Menschen.

Der Pfarrer hat durchaus recht, der sagt, daß es seine Aufgabe ist, Wege in die Zukunft zu weisen und Ideale aufzustellen und nicht zu entprojizieren. Er trifft damit das Wesen der Projektionen, die aus dem Unbewußten kommen und nicht gemacht werden. Denn ein Pfarrer kann und soll in seinen seelsorgerlichen

Gesprächen auf der *Bewußtseinsebene* bleiben. Da die Neurosen – wie erwähnt – ihre Wurzeln im *Unbewußten* haben, müssen die ärztlichen Therapeuten auch dorthin Wege finden, zum Beispiel durch die Arbeit an den Träumen. Eine weite Strecke des Selbsterkenntnisweges gehen Pfarrer und Therapeut mit ihren Probanden in der *Lebensrückschau* zu zweit.

In diesem Zusammenhang kam ich auf etwas zu sprechen, das ich die »Präzisionsarbeit der Engel« nenne. Diese habe ich in meinem langen Leben bei Gesunden und Kranken oft erlebt, und man kann sie auch in jeder tiefergehenden Biographie erfahren. Denn in fast jedem Lebenslauf finden sich besondere Ballungssituationen, wo zu einer Schwierigkeit die nächste kommt, ein Schicksalsschlag den vorherigen ablöst, wo man denkt, ich kann nicht mehr weiter, wo man an den Mitmenschen zweifelt und verzweifelt, wo alles ausweglos scheint. Und nachher entdeckt man, wie da doch gleichsam himmlische Regie gewaltet hat, wie präzise da die Engel aller Beteiligten zusammengewirkt haben. Man kann bei den uns anvertrauten Menschen fast immer eine solche Situation in ihrem Lebenslauf finden, bei jüngeren Menschen an anderen Biographien aufzeigen und sie dadurch ermutigen, in der jetzt verzweifelt aussehenden Situation den Engeln zu vertrauen, ihnen sozusagen einen unterschriebenen Blankoscheck in die Hand geben, in der Hoffnung, daß sie nicht mehr daraufschreiben, als man wird leisten können. Damit lassen sich unüberwindlich scheinende Hürden oft nehmen. Menschen, die selbst keine einschlägigen Erfahrungen haben – es sind meist jüngere – und die andere Erfahrungen nicht annehmen wollen, kann man auffordern, dies mal als eine Art von Hypothese zu nehmen. Sie könnten doch einmal versuchen, mit dieser Lebenshypothese zu leben, wie Naturwissenschaftler eine Hypothese durch das Experiment sich bestätigen lassen. Fragestellung: Wird das Leben es bestätigen?

Auf dem Gebiet der Bewußtseinsebene können also Priester und Therapeuten *gleicherweise* arbeiten. Der Therapeut hat es insofern schwerer als der Pfarrer, als er seinen Helferwillen neben dem gelernten Wissen einsetzt und mit seinem Engel dem Patienten und dessen Engel gegenübersteht. Das trifft für den Priester zwar auch zu, er hat jedoch schützend die Sakramente hinter sich wie auch den Kultus und das Beicht-Sakrament. Er darf das Gemeindeglied zum Beispiel dazu verpflichten, regelmäßig im Gottesdienst zu sein, um zu erleben, wie er auch dadurch mit seinen Schwierigkeiten besser fertig werden kann. Zur Beichte sollte er nicht zu häufig raten. Er muß wissen, daß daran persönliche Abhängigkeiten und Gefühlsbeziehungen hängen können, die der Bequemlichkeit des Gemeindegliedes dienen.

Grundkenntnisse von Projektionen, Introjektionen und Identifikationen und überhaupt von der Tatsache, daß jemand etwas bewußt wollen und es gleichzeitig unbewußt verhindern kann, sollte der Pfarrer haben, nicht um sie therapeutisch anzuwenden, sondern um die Aussagen der Beichtenden richtig einordnen zu können.

Wie mehrfach erwähnt, wurzeln Neurosen im Unbewußten; sie sind oft Versuche der Selbstentfaltung mit untauglichen Mitteln. Diesen muß der Therapeut zusammen mit dem Patienten auf die Spur kommen. Bei diesem Bemühen brauchen wir die Arbeit an den Träumen. Und der Patient findet, wenn es glückt, tauglichere Mittel als seine Symptomatik, um den Zweck zu erreichen. Fast immer ist der unbewußte Zweck die Individuation, das: Werde, der du bist. Es geht um das Annehmen und Gestalten des Schicksals, also darum, die diesmalige Inkarnation zu erfüllen nach dem vergessenen eigenen, weil im Unbewußten liegenden vorgeburtlichen Plan. Der Therapeut hat dabei zu helfen, aber nicht darüber zu belehren. Das gehört zu dem seelisch-geistigen Prozeß, den Rudolf Steiner der Therapie des Arztes zuschreibt. Der Pfarrer sollte in der Seelsorge nicht mit Träumen arbeiten.

Dagegen wäre es gut, wenn er etwas von den feineren Differenzierungen wüßte, etwa zwischen *Unterdrücken* und *Verdrängen.* So kann man zum Beispiel in dem Buch: »Wie erlangt man Erkenntnisse der höheren Welten?« nachlesen, wie man Eigenschaften wie Zorn, Ärger oder Ehrgeiz bekämpfen müsse. Aus dem Text geht ganz deutlich hervor, daß es sich um bewußt gewordene

Eigenschaften handelt, die für die Erkenntnis höherer Welten hinderlich sind. Aber diese Anregungen können – meiner Erfahrung nach häufig – falsch verstanden zur Verdrängung führen. Verdrängung ist eine unbewußte Unterdrückung von etwas, das man an sich nicht wahrhaben will, seien es Triebbedürfnisse, seien es andere Schattenanteile der Persönlichkeit. Diese Verdrängung ist hinderlich für die Selbsterkenntnis, indem es nicht zur Begegnung mit dem Schatten, dem Doppelgänger kommt. Wenn man den Schatten unbewußt nicht sehen will, kann man ihn auch nicht verwandeln.

Recht verstanden kann die Seelsorge, wie sie für einen Gesunden angemessen ist, niemals die Therapie bei einem kranken bzw. neurotischen Menschen ersetzen und umgekehrt. Es handelt sich also nicht um ein Entweder-Oder. Der Pfarrer braucht tiefenpsychologische Grundkenntnisse, nicht um sie anzuwenden, sondern um unterscheiden zu können, wo er den Therapeuten hinzuziehen muß und wo nicht. Das ist aber bei Menschen, die an Neurosen leiden, sehr viel schwieriger als bei physisch Kranken oder auch bei sogenannten Geisteskranken. Besonders schwierig bei Menschen mit psychosomatischen Beschwerden, die ja wie physisch Kranke aussehen. Darum kann ein Sich-Treffen im gegenseitigen Verständnis zwischen Priestern und Therapeuten für die Zukunft nur fruchtbar sein.

Bibliographie

Einleitung

1 Rudolf Steiner. Vortrag vom 14. 12. 1919 in: Die Sendung Michaels, GA 194.

2 Gerhard Wehr, C. G. Jung und Rudolf Steiner. Konfrontation und Synopse, Stuttgart 1972.

3 Rudolf Steiner, Individuelle Geistwesen und ihr Wirken in der Seele des Menschen, GA 178. Vortrag vom 10. und 11. 11. 1917.
Zusätzliche Literatur:
Rudolf Steiner, Die Geheimwissenschaft im Umriß, GA 13.

I. Der Traum in der Psychotherapie nach C. G. Jung

(Psychiatrische Hochschulwochen am Goetheanum, Dornach, vom 16. bis 21. 10. 1976)

1 C. G. Jung, Allgemeine Gesichtspunkte zur Psychologie des Traumes, in: Über die Energetik der Seele u. a. psychiatrische Abhandlungen, Bd. II, Zürich 1928.

2 Rudolf Steiner, Esoterische Betrachtungen karmischer Zusammenhänge, 1. Bd., GA 235. Zwölf Vorträge, Dornach 1924 (1975).

II. Traumarbeit am Beispiel eines Tetanie-Falles

(Psychiatrische Hochschulwochen am Goetheanum, Dornach, vom 12. bis 27. 10. 1964)

1 Rudolf Steiner, Wie erlangt man Erkenntnisse der höheren Welten?, GA 10, 1975.

2 Kulturphänomene. Drei Perspektiven der Anthroposophie, GA 225. Zwölf Vorträge. Dornach 1923 (1961).

III. Ich-Reifung durch imaginative Traumerkenntnis

(Psychiatrische Hochschulwochen am Goetheanum, Dornach, vom 20. bis 24. 10. 1975)

1 Rudolf Steiner, Individuelle Geistwesen und ihr Wirken in der Seele des Menschen, GA 178, (1917). Die Zeichnung wird hier mit freundlicher Genehmigung der Rudolf-Steiner-Nachlaßverwaltung, Dornach, wiedergegeben.

2 – in: Die Stufen der höheren Erkenntnis, GA 12 (1978).
3 – Die Geheimwissenschaft im Umriß, GA 13, Dornach, 1977.
4 – Geisteswissenschaftliche Erläuterungen zu Goethes Faust, Bd. II, Vortrag vom 27. 9. 1918; GA 273. (Hervorhebung im Text vom Autor.)
5 – Die gesunde Entwicklung des Leiblich-Physischen als Grundlage der freien Entfaltung des Seelisch-Geistigen, GA 303. Sechzehn Vorträge, Dornach 1921/22.
6 – Vortrag vom 22. 6. 1915 in Berlin: Über die prophetische Natur der Träume und den Träumer oder Mondenmenschen.
7 – Das Lukas-Evangelium, GA 114. Zehn Vorträge, Basel 1909. (Hervorhebungen im Text vom Autor.)
Zusätzliche Literatur:
Allgemeine Gesichtspunkte zur Psychologie des Traumes, a. a. O.

IV. Psychotherapie als Selbsterkenntnisweg

(Psychiatrische Hochschulwochen am Goetheanum, Dornach, vom 16. bis 21. 10. 1978)

1 Rudolf Steiner, Pastoral-Medizinischer Kurs, GA 318. Elf Vorträge für Ärzte, Dornach 1924.
2 – Wie erlangt man Erkenntnisse der höheren Welten?, GA 10 (1975).
3 C. G. Jung, Gesamtwerk.
4 Rudolf Steiner, Geisteswissenschaftliche Erläuterungen zu Goethes Faust, GA 273.
5 Mihajlov, Mihajlo, Die mystische Erfahrung der Unfreiheit, in: Kontinent 3.
6 Rudolf Steiner, Anthroposophie – Psychosophie – Pneumatosophie, GA 115.
7 – Theosophie. Einführung in übersinnliche Welterkenntnis und Menschenbestimmung, GA 9 (1973).
8 – Das Johannes-Evangelium, GA 103. Zwölf Vorträge, Hamburg 1908.
Zusätzliche Literatur:
Blomeyer, Aktualkonflikt und frühkindlicher Konflikt. In: Zeitschrift für analytische Psychologie, Heft 3/4, 1977.
Schottlaender, Felix, Die Mutter als Schicksal, Stuttgart 1973.

V. Therapeutische Traumarbeit als Vorstufe einer Hüterbegegnung

(Arbeitstagung am Institut für anthroposophisch orientierte Psychotherapie, Filderklinik bei Stuttgart, vom 26. bis 28. 6. 1981)

1 Rudolf Steiner, Die Geheimnisse der Schwelle, GA 147. Acht Vorträge, München 1913.
2 – Wie erlangt man Erkenntnisse . . ., a. a. O.
3 – Initiations-Erkenntnis. Die geistige und physische Welt- und Menschheits-

entwickelung in der Vergangenheit, Gegenwart und Zukunft vom Gesichtspunkt der Anthroposophie, GA 227. Dreizehn Vorträge, Penmaenmawr 1923.

4 – Die Schwelle der geistigen Welt, GA 17. Aphoritische Ausführungen (1972).

Zusätzliche Literatur:

C. G. Jung, Die Energetik der Seele (Psychologische Abhandlungen, Bd. II, hrsg. v. C. G. Jung).

VI. Zum Schattenproblem in der Psychotherapie

(Arbeitstagung am Institut für anthroposophisch orientierte Psychotherapie, Filderklinik bei Stuttgart, vom 3. bis 5. 6. 1983)

Verwendete Literatur:

C. G. Jung, Gesamtwerk.

Rudolf Steiner, Die Geheimwissenschaft im Umriß, GA 13. Stuttgart 1948.

– Die Schwelle der geistigen Welt, GA 17. Aphoristische Ausführungen.

VII. Schwellenängste im Lebenslauf

(Arbeitstagung am Institut für anthroposophisch orientierte Psychotherapie, Filderklinik bei Stuttgart, vom 2. bis 4. 11. 1984)

1 Rudolf Steiner, Pastoral-Medizinischer Kurs, GA 318. Elf Vorträge für Ärzte und Priester, Dornach 1924 (1973).

VIII. Psychotherapie und Seelsorge

(Freie Hochschule der Christengemeinschaft, Priesterseminar, Stuttgart, 2. 2. 1984)

Verwendete Literatur:

Rudolf Steiner, Pastoral-Medizinischer Kurs, GA 318. Elf Vorträge für Ärzte und Priester, Dornach 1924 (1973).